SINAPSI

LA CASA DI LEO

SINAPSI
LA CASA DI LEO

SINAPSI

LA CASA DI LEO

GIANFRANCO LEONIDE

SERGIO MAIO

SINAPSI
LA CASA DI LEO

DEDICA

Un pensiero speciale a Mariella, mia moglie, per essere sempre
in prima linea
nella guida della vita di Leonardo.

INDICE

RINGRAZIAMENTI

Ringrazio tutti coloro che hanno dedicato tempo a Leonardo:

Mariano (in realtà il suo vero nome è Sergio) e la moglie Diletta,
due "giovani speranze".

Don Franco, che ha permesso la ricerca di fondi, un vero "faro nel mare".

Geremia, del Consorzio Cometa, "l'organizzatore chiave".

Mirko, un giovane "brillante e geniale".

Mione, che è "un punto fermo nel mio tempo".

Cesare, per la sua "disponibilità e cortesia".

Carlo, per avermi aiutato con il libro, un "professore".

Enrico, "collega di lavoro, ideatore e fumettista".

PREFAZIONE

Dopo di noi… la loro vita continua!

Le famiglie di persone con disturbo dello spettro autistico e disabilità intellettiva hanno bisogno di una prospettiva futura, la certezza che anche dopo di loro i loro figli potranno vivere una vita serena e in autonomia presso le loro case.

Il nostro sogno nasce da ciò che ogni genitore vorrebbe per il proprio figlio, ovvero una vita vissuta nel migliore dei modi possibili.

"La casa di Leo" è la storia di un ragazzo con disturbo dello spettro autistico che fin dai primi anni di vita è stato aiutato dai propri genitori a vivere una vita il più possibile indipendente ed autonoma.

Nel 2020 Leo è ormai quasi maggiorenne e la preoccupazione dei genitori aumenta. Il loro sogno non si spegne e nasce l'idea che sia possibile assicurargli una vita vissuta nella propria casa in cui è cresciuto e in cui vivrà, anche quando i genitori non ci saranno più.

Come poter realizzare tutto questo?

Si accende una lampadina!

Il papà di Leo è un tecnico in automazione industriale. Grazie alla collaborazione con un giovane psicologo e un altrettanto giovane ingegnere specializzato in robotica si inizia a sperimentare SINAPSI, assistente abitativo, una nuova tecnologia, nell'abitazione in cui Leo vive.

Emerge subito un problema! La domotica, ovvero la domotica di tipo classico (per intenderci la chiusura automatizzata delle persiane, lo spegnere le luci con comandi vocali, ecc.), non è sufficiente a supportare il ragazzo nella propria autonomia ed è proprio in questo momento di crisi e difficoltà che nasce qualcosa di nuovo, che ancora non esiste e forse siamo stati i primi a pensarlo!

Una domotica interattiva in cui si va oltre il semplice concetto di domotica in cui è la casa stessa a diventare "intelligente" e a guidare il ragazzo, come se essa fosse un educatore o un essere umano, sempre presente in tutte le sue attività della giornata.

Grazie alla perseveranza del papà di Leo e all'aiuto di appassionati operatori dell'ambito sociale, edile, informatico ed elettronico, dopo anni di ricerche e sperimentazione verrà creata "SINAPSI", una casa domotica "INTERATTIVA" per l'utenza disabile. Il soggetto non sarà più un semplice fautore passivo della tecnologia di sussidio domestico ma sarà egli stesso elemento interattivo con la propria abitazione tecnologica.

Ad oggi, con le poche risorse che avevamo a disposizione è stato realizzato un sistema informatico automatizzato che come un direttore di orchestra gestisce tutta la giornata di Leo. Attraverso una similitudine, forse azzardata, si potrebbe affermare che "La Casa di Leo" che abbiamo chiamato SINAPSI, è un hub e agisce come un "cervello esteso" che collabora con il cervello umano per creare un ambiente adattato e supportivo per la persona con autismo. Questo sistema si basa sulla raccolta di informazioni, elaborazione delle risposte e interazione con l'ambiente, con l'obiettivo di favorire il benessere e migliorare la qualità della vita della persona coinvolta.

Immaginate l'hub come il "cervello" del sistema, il centro di controllo che raccoglie informazioni dal suo ambiente circostante attraverso i sensori e agisce di conseguenza per ottimizzare l'esperienza della persona con autismo nella casa. I sensori possono essere come i "recettori" che raccolgono dati sensoriali, come suoni, luci, temperatura e movimento, permettendo al sistema di rilevare e comprendere l'ambiente. Quando il sistema riceve queste informazioni, utilizza i controlli per regolare e adattare l'ambiente in modo da soddisfare le esigenze della persona con autismo. Questi controlli possono essere simili ai "neuroni" nel cervello umano, che comunicano tra loro per coordinare le risposte del sistema. Ad esempio, il sistema può gestire tramite i vari touch screen le attività di Leonardo, svolte nell'arco della giornata, se si è alzato dal letto in orario, se ha apparecchiato la tavola, se è uscito di casa. Inoltre, in mancanza di queste attività, il sistema è in grado di avvisare gli operatori che possono visualizzare tutto da remoto; in aggiunta come comfort si può regolare l'illuminazione, la climatizzazione e altre variabili ambientali per creare un ambiente confortevole.

La casa sarà disposta di molti sensori che garantiranno al massimo la sicurezza del ragazzo. Qualora questi si scordasse la porta d'ingresso aperta, o l'acqua del rubinetto aperta, viene comunicato a Leo di chiudere la porta o spegnere il rubinetto e se Leo non lo farà ci penserà SINAPSI. A distanza e con un qualsiasi cellulare è possibile vedere quello che il ragazzo sta facendo. È possibile comunicare con lui tramite una telecamera oppure impostare e programmare le attività della giornata.

Questi sono solo alcuni esempi delle infinite potenzialità che SINAPSI possiede e che vorremmo realizzare e perfezionare sempre di più, perché il nostro obiettivo è quello di implementare e diffondere questa nuova tecnologia a tutte le persone che possano averne bisogno.

Una volta sperimentata, SINAPSI, potrà essere applicata in qualsiasi altro contesto, in qualsiasi altra abitazione di persone bisognose di aiuto, disabili o anziani che siano, e nelle case di riposo, nei centri diurni, negli asili, negli ospedali, ecc.

Abbiamo bisogno di un aiuto concreto per terminare questo innovativo ed unico progetto, di cui ancora non conosciamo le immense future potenzialità, ma siamo fiduciosi che possa dare un utile contributo all'intera umanità.

Grazie a SINAPSI.

1 SINAPSI

È mattina sono le otto e "SINAPSI" sveglia Leonardo:

"Amore, è ora di alzarsi, svegliati".

Leonardo si muove sotto la coperta, mette la testa sotto i cuscini ma dopo due minuti "SINAPSI" ripete con la voce della mamma:

"Amore, è ora di alzarsi, svegliati".

Con una grande fatica si alza e va a sdraiarsi sul divano e si rimette sotto la coperta, è una routine che si ripete all'infinito tutte le mattine, per Leonardo sdraiarsi e coprirsi con la coperta ha un'importante funzione di rassicurazione. Poi passati cinque minuti durante i quali Leo si era avvolto e rintanato sotto la coperta, "SINAPSI" gli comunica:

"Leo devi fare colazione!"

Allora Leo si gira e si alza lentamente cercando le ciabatte ed entra in bagno. Si sente qualche rumore e dopo qualche istante è fuori.

Con la mano solleva una parte della maglia che indossa per coprire l'orecchio e comincia a cercare il suo ancoraggio cioè una maglietta che gli dà conforto e stabilità, la mette sulle spalle in modo che possa coprire le orecchie. Successivamente prende dal mobile il piatto e lo appoggia sul tavolo. "SINAPSI" si accorge che sta apparecchiando la tavola, quel cigolio dell'anta del mobile antico che si apre e la ceramica che struscia tra i piatti, questi suoni anche se brevi ed isolati sono percepiti in forma intensa.

Leo si siede e "SINAPSI" sa che adesso Leo è seduto a tavola. Si avvolge la maglia bene sulle orecchie e dopo 10 secondi si rialza, manca la marmellata; Leo apre il frigorifero e appena viene aperta la porta "SINAPSI" inizia a contare, Leo prende la marmellata "SINAPSI" non comunica nessun messaggio, ma se dovesse dimenticare di chiudere la porta del frigorifero, "SINAPSI" gli farebbe notare che la porta è aperta.

Leo è seduto e sta facendo colazione, la mamma Mariella passa vicino e in silenzio regola la quantità di noci, mandorle e biscotti presenti in quantità troppo abbondanti nel piatto. Leo divora tutto, per ultima la mela e poi beve la vitamina C.

Leo ha finito di mangiare ma il piatto non è vuoto, sono rimasti otto pezzetti di mela tutti con la solita dimensione disposti in modo da seguire la curva del piatto, sembra un sorriso! Leo può notare particolari che altre persone potrebbero non percepire o che potrebbero trovare meno rilevanti, ha un'immaginazione vivida e può creare mondi interiori ricchi di dettagli e immagini mentali coinvolgenti. Di colpo Leo si alza va verso la sala, poi torna indietro e prende la maglietta. "SINAPSI" sa che Leo si è alzato non è più al tavolo, ma rileva che la tavola è ancora apparecchiata. Passati due minuti "SINAPSI" suggerisce a Leo:

"Leo sparecchia la tavola".

Leo inizia, come al suo solito, a levare dal tavolo i contenitori con le noci, le mandorle e il tutto resto sempre seguendo la medesima sequenza.

Appena ha terminato di sparecchiare la tavola "SINAPSI" comunica a Leo che deve prepararsi:

"Leo ti devi preparare, vai in bagno a lavarti".

Leo va in bagno e comincia a lavarsi: prima i denti, poi la doccia e dopo i capelli, si riveste, in breve tempo è fuori dal bagno con l'asciugacapelli in mano, adesso inizia a passarlo sui capelli, ma ogni tanto interrompe per direzionare il vento sulle mani, poi si mette più comodo sul divano, si alza e comincia a specchiarsi sulla porta d'ingresso.

Ad un certo punto "SINAPSI" con la voce della mamma Mariella suggerisce:

"Vestiti che devi uscire con Mariano".

Allora Leo ripone l'asciugacapelli e va in camera, si veste, felpa grigia e pantaloni verdi molto morbidi e larghi, torna sulla poltrona in sala e con molta calma indossa il primo calzino, lo controlla accuratamente come se dovesse passare un controllo di qualità, poi passa al secondo, il rito si ripete sempre in forma identica.

Successivamente si toglie le ciabatte e contemporaneamente, le posiziona nel solito posto, tra la porta d'ingresso e il divano.

Poi Leo si alza in piedi e copre gli occhi con la maglietta, è emozionato per l'uscita. Prende le scarpe, le indossa, poi tocca alle stringhe che non devono rimanere troppo lunghe, perciò giù con sette nodi per scarpa! Si avvicina alla porta di uscita, "SINAPSI" lo riconosce dal volto, mentre fuori dal cancello c'è "Mariano" che suona il videocitofono.

In casa appare l'immagine di Mariano nel video, Leo apre la porta ed esce. "SINAPSI" sa che è uscito e si mette in standby.

Trascorso del tempo, Leo si presenta davanti al cancello di casa e suona il videocitofono, "SINAPSI" riconosce il volto, apre il cancello esterno e si riparte. "SINAPSI" sa che Leo ha un ben preciso lasso di tempo per presentarsi di fronte alla porta di casa, se Leo non dovesse presentarsi, si attiverebbe la webcam esterna che invierebbe le immagini al sistema di controllo. Leo è sulla porta d'ingresso, dove nuovamente "SINAPSI" lo riconosce.

"SINAPSI" sa che Leo è dentro casa nell'ingresso, aspetta qualche minuto poi gli ricorda:

"Leonardo metti il pigiama".

Ogni volta che entra ed esce di casa Leo si cambia i vestiti anche per stare in giardino, è un bisogno scaturito forse dalla sua sensibilità sensoriale o dalla necessità di avere una routine e prevedibilità, comunque per Leo è un segnale di relax.

Leo si siede sul divano, i suoi tempi sono lunghi. "SINAPSI" sa che è seduto sul divano e deve aspettare almeno cinque minuti per ricordargli di "mettersi il pigiama".

Leo inizia con le scarpe, poi mette a posto la sua bottiglietta d'acqua e dopo lo zainetto, ma nel tragitto trova la chiave dell'auto sulla stufa a pellet, non è il suo posto! Leo riporta subito la chiave dove si trova abitualmente. L'organizzazione visuale è importante per Leo.

A volte, quando un oggetto non si trova, Leo si smarrisce, subentra l'ansia e finché non salta fuori ripete in modo ossessivo: "Dove è andato?"

Leo si sdraia di nuovo sul divano per altri due minuti e ripete alcune frasi del cartone animato "Il libro della giungla". La sua memoria visiva ha la capacità di rivedere scene e immagini vivide e dettagliate nella mente, alcune scene le rivede decine di volte.

Questo lo aiuta nel linguaggio, ripetendo sempre con maggior precisione le parole, e le perfeziona.

"SINAPSI" ricorda a Leo, sempre con la voce della mamma Mariella, che deve "mettere il pigiama".

Leo si alza e va nella sua camera, si siede sul letto per cambiarsi. "SINAPSI" sa che Leo è in camera, seduto sul letto. Leo sorride e comincia a levare i pantaloni e la maglia, in breve tempo indossa il solito pigiama, maglia grigia in felpa e la tuta da ginnastica. Leo esce dalla stanza, "SINAPSI" gli suggerisce di "lavare le mani".

Leo va in bagno e lava le mani in modo piuttosto frettoloso e poco accurato. È un'abilità su cui bisogna lavorare per migliorarla e di questo se ne occuperanno gli educatori assieme al coinvolgimento dei genitori di Leo. Appena Leo esce dal bagno, vista l'ora di pranzo, "SINAPSI" lancia un nuovo messaggio sui monitor:

"Leo apparecchia".

Leo entra in cucina e va subito a cercare la maglietta da mettere sulle spalle, e all'occorrenza, copre le orecchie per qualche breve istante.

Inizia mettendo i piatti, i tovaglioli, le posate, i bicchieri, "SINAPSI" rileva che ci sono oggetti sulla tavola, Leo inizia la sua routine col frigorifero, tira fuori sempre le cose che gli piacciono, anche se non necessarie per il pranzo, ma è più forte di lui (maionese, salamino, formaggio, affettato).

Oggi il pranzo lo prepara la mamma Mariella, Leo grattugia il formaggio, gli piace perché riesce sempre a prendersene un pezzo. Allunga il collo e vede che la mamma prepara una minestra.

Prende i cucchiai, si siede e "SINAPSI" sa che è seduto a tavola. Ora si mangia!

Il cibo è un rinforzo positivo per Leo, è una fonte di piacere e gratificazione. Lui è molto goloso, quando seguiva l'intervento comportamentale, il cibo era utilizzato come rinforzo positivo, veniva fornito come conseguenza immediata a un comportamento desiderato in modo da aumentare la frequenza del comportamento desiderato. Ad esempio, se un bambino completa un'attività richiesta o segue una direttiva, potrebbe ricevere un piccolo premio alimentare come una caramella o uno snack preferito.

Questo rinforzo positivo può aumentare la probabilità che il comportamento desiderato si ripeta in futuro.

Leo mangia con appetito e conclude il pasto con la mela, ricordate che il piatto non è vuoto ma sono rimasti otto pezzetti di mela tutti con la solita dimensione posati a seguire la curva del piatto. Leo si alza e riordina la tavola sempre con la maglia sulle spalle e con la manica che gli copre l'orecchio sinistro. "SINAPSI" sa che si è alzato da tavola e deve sparecchiare. Aspetta circa 2 minuti prima di dare il suggerimento a Leo ma non è necessario, ha già sparecchiato la tavola, poi va in bagno, fa scorrere l'acqua nel lavandino e con getto pieno si lava i denti.

Dopo il pranzo, Leonardo si concede un momento di relax tutto per sé. Scende al piano inferiore della casa, dove c'è la sua scrivania e si mette davanti al PC seduto su una palla molto grossa che funge da comoda poltrona, una di quelle palle che solitamente viene utilizzata nelle palestre per gli esercizi posturali o per la terapia di psicomotricità. Inizia a guardare i suoi cartoni animati preferiti. Piano piano, e ben comodo si lascia coinvolgere dalle storie che si susseguono, saltando da un cartone animato all'altro. Ogni episodio diventa sempre più divertente e emozionante. Leonardo salta sulla palla, che diventa il suo trono durante questa sessione di animazione. Mentre guarda i cartoni, vocalizza, ride e sembra condividere le emozioni dei personaggi. È come se rivivesse in prima persona le storie che si svolgono davanti a lui, associandole agli eventi che fanno parte della sua vita quotidiana. Leonardo è attentissimo ai dettagli, cogliendo ogni sfumatura delle scene che si susseguono. Questo momento gli permette di immergersi in un mondo fantastico che si fonde con la sua realtà, dandogli gioia e divertimento.

Nel primo pomeriggio, trascorso un periodo di tempo, "SINAPSI" ricorda a Leonardo:

"Arriva Giovanni, preparati!"

Lo attendono le attività del pomeriggio.

Attraverso una similitudine forse azzardata si potrebbe affermare che "SINAPSI" è un hub e agisce come un "cervello esteso", che collabora con il cervello umano per creare un ambiente adatto e supportivo per la persona con autismo. Questo sistema si basa sulla raccolta di informazioni, elaborazione delle risposte e interazione con l'ambiente, con l'obiettivo di favorire il benessere e migliorare la qualità della vita della persona coinvolta.

Immagina l'hub come il "cervello" del sistema, il centro di controllo che raccoglie informazioni dal suo ambiente circostante, attraverso i sensori e agisce di conseguenza per ottimizzare l'esperienza della persona con autismo nella casa.

I sensori possono essere come i "recettori" che raccolgono dati sensoriali, come suoni, luci, temperatura e movimento, permettendo al sistema di rilevare e comprendere l'ambiente.

Quando il sistema riceve queste informazioni, utilizza i controlli per regolare e adattare l'ambiente, in modo da soddisfare le esigenze della persona con autismo. Questi controlli possono essere simili ai "neuroni" nel cervello umano, che comunicano tra loro per coordinare le risposte del sistema. Ad esempio, il sistema può percepire la presenza di una persona, se è posizionata nel letto, se ha apparecchiato la tavola, se è uscita di casa, se ha lasciato le porte o le finestre aperte, se è rimasta a letto troppo a lungo. Inoltre è in grado di regolare l'illuminazione, la climatizzazione e altre variabili ambientali per creare un ambiente confortevole.

L'automazione nel sistema può essere paragonata ai "processi mentali" che avvengono nel cervello umano. Attraverso l'automazione, il sistema può eseguire compiti e attività specifiche, come impostare routine, fornire promemoria o offrire supporto personalizzato per le esigenze individuali della persona con autismo. "SINAPSI" segue la persona e le pianifica le attività, la aiuta a comprendere lo scorrere del tempo e a rispettare le scadenze, rendendo più comprensibile e prevedibile lo scorrere della giornata.

"SINAPSI" è costituto da un sistema complesso di automazione ma nonostante ciò comporta diverse limitazioni che caratterizzano i rapporti umani, empatia e comprensione emotiva, a "SINAPSI" mancherebbe la capacità di comprendere le emozioni umane in modo profondo e di rispondere con empatia.

La comprensione emotiva e l'empatia sono elementi chiave nelle relazioni umane, consentendo la connessione e la condivisione di esperienze. Leonardo a volte, quando si sente un po' solo, cerca conforto nel contatto fisico con le persone a lui familiari. Per fargli tornare il sorriso, io, Gianfranco, gli soffio forte sulla pancia e anche se la sua statura raggiunge un metro e novanta con quel gioco è come se tornasse a pochi mesi di vita.

A "SINAPSI" mancherebbe l'intelligenza sociale e la comunicazione non verbale: gli esseri umani comunicano non solo attraverso il linguaggio verbale, ma anche attraverso segnali non verbali come l'espressione facciale, il linguaggio del corpo e l'intonazione vocale. "SINAPSI" potrebbe essere in grado di elaborare e generare il linguaggio, ma avrebbe difficoltà a cogliere e interpretare segnali non verbali, riducendo la ricchezza della comunicazione umana.

A volte, quando Leo percepisce la preoccupazione e la tensione di noi genitori, Mariella e Gianfranco, cerca di attirare l'attenzione su di sé vocalizzando ad alta voce e saltando al fine di staccarli dai loro pensieri e dedicarsi a lui.

A "SINAPSI" mancherebbe reattività e flessibilità: gli esseri umani hanno un pensiero creativo, adattabilità e flessibilità nelle situazioni. Un sistema automatico sarebbe limitato alle sue programmazioni predefinite e non avrebbe la capacità di generare nuove idee o di adattarsi in modo fluido ai cambiamenti nelle circostanze.

A "SINAPSI" mancherebbe intuizione e intenzionalità: gli esseri umani sono in grado di comprendere le intenzioni altrui e di agire in base a una combinazione di ragionamento logico e intuizione.

A "SINAPSI" mancherebbe connessione emotiva e affettiva: le relazioni umane sono spesso basate su una connessione emotiva e affettiva profonda. Mentre un sistema automatico potrebbe fornire supporto pratico, mancherebbe della capacità di stabilire e mantenere legami emotivi significativi con gli esseri umani. Anche se a questo proposito si potrebbe dire che si sta lavorando sull'intelligenza artificiale, AI in inglese, e forse non è lontano il tempo in cui i robot potranno essere dotati di un'intelligenza emotiva. Non so se questo sarà possibile, non so se questo sia auspicabile, ma potrebbe succedere.

Questi sono solo alcuni degli aspetti che "SINAPSI" potrebbe non possedere rispetto agli esseri umani, sicuramente se Leonardo avesse più di un amico di convivenza nella stessa casa, potrebbe vivere con emozioni, interazione, condividere legami.

Ovviamente il sistema automatico "SINAPSI" può essere paragonato ad un abito su misura con la possibilità di personalizzare nel dettaglio le esigenze della persona fragile.

La prossima sfida sarà quella di trovare più amici che possano condividere questo progetto di comunità: "il dopo di noi". Certo andrebbe ampliato, certamente dovrebbe riconoscere più volti, gestire più attività nell'arco della giornata come, chi è entrato e uscito, dare più indicazioni per pranzare ad orari diversi, ecc.

Potrebbe offrire loro molti vantaggi, per prima cosa l'indipendenza e le autonomie, poi potrebbe insegnare a cucinare, a gestire il denaro, a fare la pulizia e a prendersi cura delle proprie esigenze personali, promuovendo così l'indipendenza, ed offrendo insieme un supporto reciproco e un senso di appartenenza ai membri di una comunità, i quali potrebbero condividere esperienze simili, affrontare sfide comuni e offrire sostegno emotivo e pratico l'uno all'altro.

Questa solidarietà potrebbe contribuire a ridurre l'isolamento e a favorire un senso di appartenenza comune, inclusione sociale, l'opportunità di interagire e socializzare tra di loro, di partecipare ad attività comuni e di sostenersi reciprocamente nelle interazioni sociali. Inoltre, i membri potrebbero coinvolgersi nella comunità circostante, sviluppando relazioni con vicini di casa, partecipando a eventi locali o coinvolgendosi in attività di volontariato.

Un aspetto importante è l'autodeterminazione. La possibilità di scelta darebbe l'occasione di prendere decisioni riguardo alla propria vita, alle routine quotidiane, alle attività da svolgere ed ai progetti futuri.

Ciò promuoverebbe l'autodeterminazione e l'empowerment, consentendo loro di vivere una vita che rispecchia le loro preferenze ed i loro interessi personali.

È importante considerare che ogni persona con autismo è un individuo unico, con esigenze e desideri diversi. Pertanto, è fondamentale valutare attentamente i punti di forza, le necessità e le capacità di ciascun individuo coinvolto prima di prendere decisioni riguardo alla convivenza in autonomia. Inoltre, è necessario considerare il supporto e l'assistenza di professionisti qualificati per garantire la sicurezza e il benessere di tutti i partecipanti.

"L'auspicio e di eliminare il più possibile le barriere sociali e personali che possono limitare la vita quotidiana delle persone".

2 LEONARDO

Leonardo nasce in una notte tempestosa e fresca di giugno, quella notte sullo sfondo della casa il bianco e l'azzurro dei lampi si ramificavano lungo le creste delle montagne dell'Appennino, dalle finestre si irradiavano i bagliori multipli che illuminavano Lei, Mariella.

Indossava un abito bianco leggero dove sotto si nascondeva il pancione "Leonardo". Eravamo in bagno quella notte, dove si svolgeva il nostro simposio, l'argomento era tra quanto sarebbe nato Leonardo.

Mariella dopo i ripetuti dolori si era seduta con le gambe divaricate su un piccolo sgabello, le contrazioni si annunciavano sempre più frequenti, forse si erano rotte le acque, "distacco", il bagno stretto e lungo di colore verde, io, Gianfranco, le stavo accanto in piedi cercando di convincerla ad andare in ospedale. Lei diceva che non era ancora il momento, le contrazioni aumentavano di frequenza, fu a quel punto che le dissi che se avessimo aspettato il mattino la strada sarebbe stata molto trafficata e un piccolo ritardo avrebbe fatto nascere Leo in auto. Terminata l'ultima mia parola un lampo illuminò la stanza e vidi il suo volto cambiare espressione, un successivo lampo illuminò la stanza e davanti ai nostri occhi, appeso ad un chiodo, l'orologio segnava le due. Ci vestimmo in fretta e decidemmo di partire.

Mi trovai a guidare sotto dei forti scrosci di pioggia, la strada era deserta, le curve si susseguivano una dopo l'altra, i rami degli alberi mossi dal forte vento ondeggiano sui due lati, la luce tenue e riflessa dei fari dell'auto delinearono i nostri contorni…

I pensieri diventano immagini di un volto, un neonato, un bambino, i suoi primi passi.

Di fronte a noi l'ospedale, entrammo: la sala d'attesa era vuota, dopo pochi istanti arrivò l'infermiera dal volto un po' assonnato, ci indirizza nel reparto di pediatria, là l'infermiera ci porta lungo i corridoi che dividono i reparti, il silenzio dominava il nostro cammino e la Mariella sentiva Leo che spingeva, entrammo in una stanza, sdraiata sul lettino l'ostetrica conferma che è pronto per uscire, nel frattempo viene chiamata in reparto e noi rimaniamo soli nella stanza.

Ma Leonardo comincia a spingere e i dolori sono sempre più forti, comincio ad avere paura visto che non posso controllare niente di quello che sta accadendo, parto alla ricerca dell'ostetrica, infermiera, dottoressa, o chiunque trovi, attraverso i lunghi corridoi, c'è troppo silenzio.

Finalmente trovo l'ostetrica, i dolori sono sempre più forti, ci precipitiamo nella stanza, si parte per la sala travaglio dove dopo pochi minuti nasce Leonardo.

La Mariella passa le visite di controllo tutto OK, arriva nella stanza e incontriamo un bel bimbo, lungo e con molti capelli, provo una grandissima emozione, si attacca subito al seno e appena la poppata finisce si addormenta.

Provammo meraviglia nel contemplare la nuova vita e rimanemmo stupiti dalle sue caratteristiche uniche e dalla bellezza della vita stessa.

Gioia e felicità: la nascita di Leonardo ci ha regalato una grande gioia e felicità. Il sentirsi sopraffatti dall'amore e dalla gratitudine per il nostro piccolo e provare una profonda sensazione di gioia nell'averlo finalmente tra le braccia.

Arrivammo a casa ed era una giornata di sole, il viale d'ingresso e il prato erano fioriti e sullo sfondo la casa bianca, bassa, con le persiane marroni e dietro a sfondo, i castagni maestosi. La stanza di Leo era pronta, il lettino in legno era quello della Mariella, di quando era piccola, le pareti colorate di un azzurro cielo e sul lato del lettino un giallo oro, e poi un fasciatoio, una cassettiera, un corredino per neonati. Non mancava niente!

Per le prime notti non dormì in quella stanza ma rimase con noi.

Un anno dopo la nascita di Leo, durante un caldo giorno estivo, decidemmo di allestire una piscina circolare nel nostro giardino. Era quasi mezzogiorno, quando la temperatura era piacevole, così immergemmo Leo nell'acqua insieme a un piccolo squalo di plastica e un delfino giocattolo. Poi, la mamma Mariella si unì a noi. Per Leo, sembrava un vero e proprio mare.

Cominciò a fare tuffi, prima con lo squalo e poi con il delfino, mentre seduto nell'acqua che gli arrivava alle ascelle, inseguiva i suoi giochi mentre si allontanavano. Tendeva le braccia per cercare di raggiungerli, ma per lui sembravano sempre un po' troppo lontani. Allora, si girava verso di me con uno sguardo implorante, cercando un aiuto.

Ma la corrente li riavvicinava lentamente, e Leo, felice, li afferrava e iniziava a agitarli in aria. Poi si girava di nuovo verso di me, i suoi occhi brillavano di gioia. Mariella, la mamma, iniziò a cantare dolcemente la canzoncina "Tanti auguri a te", e Leo le rispose con un sorriso radiante, battendo le mani e cercando di soffiare, imitando il gesto di spegnere le candeline sopra una torta. Pochi giorni prima, aveva compiuto il suo primo anno di vita.

Bruscamente dopo i diciotto mesi Leo ha smesso di interagire e non ha cercato più il nostro consenso visivo, si è chiuso in se stesso perdendo la virtù della spontaneità, che è presente nei bambini, ha perso la libertà espressiva, ha difficoltà a comunicare e ad esprimere le proprie emozioni.

Compare la difficoltà nella comunicazione verbale, ha un vocabolario ridotto, si modifica il linguaggio del corpo, le espressioni facciali, il contatto visivo, diventa difficile comprendere le sue emozioni e intenzioni.

Ripete parole o frasi sentite in precedenza anziché generare il proprio linguaggio, si evidenzia Ecolalia, questo rende difficile comprendere le sue esigenze o pensieri unici.

Interagisce solo con alcune persone o in determinati contesti. Questo limita ulteriormente la sua libertà espressiva.

Leonardo ha perso la libertà espressiva e per noi genitori diventa tutto frustrante, non riusciamo a comprendere cosa stia accadendo.

La giornata nella piscina rimarrà un ricordo speciale, un momento di gioia e connessione con il nostro splendido bambino.

L'estate del 2005 scorreva veloce e nel giorno di Ferragosto, decidemmo di andare al mare. Leonardo aveva poco più di un anno. La spiaggia era quasi deserta, solo alcuni bagnanti indossavano magliette, mentre il cielo e il mare erano del solito colore grigio.

Per la prima volta, Leonardo vide il mare. Arrivò in spiaggia tra le braccia di sua madre, Mariella, che lo posò delicatamente sulla sabbia facendogli toccare la superficie con i piedi nudi. Leonardo rimase in piedi per alcuni secondi, poi cercò l'abbraccio di Mariella. Mentre mi guardava, vedendomi vicino all'acqua, scese dalle braccia di sua madre e, con passi traballanti, si diresse verso di me con le braccia alzate. Il suo sguardo sembrava chiedermi di afferrarlo.

Alle sue spalle, in lontananza, si stagliavano i profili delle Alpi Apuane con i fiumi di marmo bianco. Lo presi in braccio e ci avvicinammo alla riva con il fragore delle onde, che si facevano sempre più intense. Per un attimo, la schiuma bianca colorò la battigia, e i frangenti e le risacche si alternarono regolarmente. Forse questa altalena di suoni e colori fece scendere Leonardo dalle mie braccia e lo portò verso il mare, indicandolo con un bastoncino raccolto poco prima insieme a Mariella. Guardandomi, disse più volte "BELLO, BELLO" e sorrise. Con la sua buffa andatura, si avvicinò all'acqua, bagnò i piedi e poi si ritrasse. Si voltò verso di me, tendendo le braccia per essere preso.

Nel frattempo, Mariella chiamò Leonardo per la pappa, e Leo, con la sua andatura barcollante, si diresse verso l'asciugamano della mamma e si sedette. Dentro il barattolino c'era una gustosa pappa, e mentre Mariella preparava il bavaglino, Leonardo alzò il braccio e indicò il barattolino con il dito, ripetendo più volte "pappa, pappa".

La mattina seguente, mentre Mariella iniziava a riordinare le stanze a partire dalla camera di Leo, accese la radio e mise un po' di musica. Leo aveva appena imparato a camminare e, con un andamento leggermente traballante, sentendo il ritmo della radio si staccò dal letto. Avanzò al centro della stanza e salì sopra al tappeto composto da molteplici colori.

Leo cominciò a muovere le braccia a ritmo di musica e ogni tanto vocalizzava. Ogni tanto perdeva l'equilibrio e si fermava, poi, compiaciuto del divertimento, cercava lo sguardo della mamma. Aspettava un suo cenno come segnale per riprendere a ballare. Nonostante la radio cambiasse musica, lui ballava nel centro della stanza. Nulla faceva presagire che, presto, Leonardo non avrebbe più cercato il tuo sguardo e la complicità nel coinvolgerti nei suoi divertimenti e giochi.

I primi bagnetti, le poppate, le prime uscite con la carrozzina, i giochi; i mesi passavano, e Leo faceva tutti i progressi di un bimbo da 0 a 18 mesi.

Dopo i primi 18 mesi, iniziammo a notare rapidamente che Leonardo, ogni volta che lo chiamavamo, non si girava più, e altrettanto rapidamente non ci guardava in viso. Cominciava a isolarsi, non indicava più gli oggetti e non vocalizzava. Quando mettevamo la musica che gli piaceva, non ballava più. Sembrava come se si fosse messo "in standby", simile a quando si spegne istantaneamente la TV con il telecomando.

Tutto sembrava ormai indifferente per lui. Cominciò a manifestare movimenti ripetitivi e teneva sempre un oggetto con sé. Iniziò a camminare sulle punte dei piedi. Spesso era iperattivo, e certi suoni lo infastidivano.

Ci trovammo a chiederci cosa fosse successo. Non riuscivamo a comprendere questo repentino cambiamento. La nostra prima valutazione fu che fosse diventato sordo, poiché quando lo chiamavamo non rispondeva, sembrava non sentire più la nostra voce. Tuttavia, allo stesso tempo, reagiva con fastidio a suoni molto forti. Ad esempio, quando si trovava in giardino e nelle strade vicine passavano moto rumorose, o quando accendevo il tagliaerba a motore, Leo si allontanava, chiudendo le orecchie come se fosse disturbato dai rumori intensi.

L'autismo può manifestarsi durante i primi 18 mesi di vita di un bambino. Tuttavia, è importante notare che l'autismo è una condizione neurodiversa caratterizzata da un ampio spettro di sintomi e livelli di gravità. Di conseguenza, i segni precoci dell'autismo possono variare notevolmente da un individuo all'altro.

Alcuni segnali di sviluppo atipici che possono essere osservati nei primi 18 mesi includono:

- Assenza o ritardo del linguaggio: il bambino potrebbe non emettere suoni o parole, o potrebbe avere un ritardo significativo nello sviluppo del linguaggio rispetto ai bambini della stessa età.
- Difficoltà nell'interazione sociale: il bambino potrebbe evitare il contatto visivo, non rispondere al suo nome o mostrare limitazioni nelle interazioni sociali, come il sorriso sociale.
- Comportamenti ripetitivi o stereotipati: potrebbero emergere movimenti ripetitivi, come agitare le mani o dondolarsi, o un interesse eccessivo per oggetti o schemi ripetitivi.
- Sensibilità sensoriale: il bambino potrebbe reagire in modo atipico agli stimoli sensoriali, come essere ipersensibile ai rumori forti o avere una reazione insolita al contatto fisico.

3 L'INCONTRO

L'AUTISMO SCONOSCIUTO

Per noi genitori l'incontro con un figlio autistico è stato un evento tragico. Questa condizione è emersa intorno ai diciotto mesi di Leonardo. In poco tempo, abbiamo notato un cambiamento significativo nel suo comportamento. La prima evidente trasformazione è stata il suo smettere di guardare in volto, di cercare il nostro sguardo. I suoi occhi sembravano persi in un'altra dimensione. Le poche parole che utilizzava erano scomparse. Quando lo chiamavamo, non rispondeva. Praticamente, sembravamo essere scomparsi per lui.

Si muoveva nei vari spazi senza una meta precisa, avanzando avanti e indietro. Passava dall'esterno del giardino all'interno della casa, camminando sulle punte dei piedi. Era attratto dalla televisione. Sul divano, riposava solo con una copertina, sotto la quale faceva ruotare un dito in un angolo. Questo comportamento era auto stimolante. Aveva difficoltà a stabilire relazioni sociali. Al parco giochi, non interagiva con gli altri bambini ma si isolava. Nei suoi giochi, utilizzava comportamenti limitati e ripetitivi. Ad esempio, quando giocava con le auto, le faceva camminare vicino al viso e le osservava molto da vicino, sempre nello stesso modo.

Leo iniziò a mostrare segni di sovra stimolazione sensoriale. Non riusciva a tollerare ambienti molto affollati, rumorosi e con illuminazione eccessiva. Un episodio significativo avvenne quando decidemmo di prendere il traghetto per la Corsica. Leo si svegliò presto e lo mettemmo nel seggiolone. L'auto era piena di borse e borsoni che avevamo caricato la sera precedente. Altrimenti, sarebbe stato impossibile partire poiché avrebbe scaricato tutto ciò che avremmo messo in auto.

Arrivammo al porto e salimmo sulla nave, parcheggiando nella stiva. Appena sceso, Leo fu immerso in un mondo di rumori. Le gomme delle auto che si muovevano all'interno della nave stridevano sulla lamiera, e il rumore sordo del motore della nave riempiva l'aria. Si aggiungevano odori di gasolio e la folla che affollava il ponte, stretta nei boccaporti.

Ci sistemammo nel salone bar-ristorante, su un lato del salone con una larga panca dove mettemmo gli zaini e gli accessori di Leo. Di fronte a noi c'era la postazione del direttore di crociera. Leo era agitato, così decidemmo di portarlo nella zona giochi. Salì su tutto, ignorando completamente la coda tra le discese e le salite. A volte si sdraiava per terra. Girellammo un po' con lui, ma ogni tanto correva avanti e indietro per il salone. Poi si diresse verso il bar e iniziò a prendere caramelle senza dire una parola. Provammo a portarlo fuori in coperta, ma non volle stare. Tornammo nel salone dopo circa tre ore, e Leonardo crollò esausto sulla panca.

In quel momento, un ufficiale si avvicinò a noi, uscendo dalla sua postazione. Era una donna di bell'aspetto e ci chiese perché non avessimo prenotato una cabina per la navigazione. Non riuscivamo a sentir bene a causa del rumore di fondo causato dalle voci molto forti. Le spiegammo che non avevamo prenotato una cabina perché era la prima volta che portavamo Leo in nave. Aggiungemmo che Leo era un bambino con autismo e la donna ci rispose che sapeva cosa si provava perché aveva avuto problemi simili da bambina. Ci disse che, durante la navigazione, a volte doveva uscire in coperta a causa delle luci del salone e del brusio delle persone che la disturbavano. Ci consigliò di prenotare una cabina per il ritorno, e così facemmo. La traversata divenne notevolmente più gestibile. Stendemmo a terra in cabina tutti i suoi giochi, la plastilina, i fogli di carta da colorare. Ogni tanto, cercava comunque di uscire dalla stanza e si agitava. Per tranquillizzarlo, lo sdraiammo sul letto e gli facevamo le pernacchie sulla pancia.

Il viaggio si concluse con una certa stanchezza, ma Leo fu sicuramente più tranquillo e gestibile. Durante la vacanza, a poca distanza dall'appartamento, si trovava una bellissima spiaggia bianca con acqua cristallina, poiché era giugno e il sole era già molto forte. Lo portavamo in spiaggia al mattino o nel tardo pomeriggio. Prima di uscire, cercavamo di spalmargli la crema solare. Questa operazione era la più difficile della giornata. Appena sentiva la crema solare sulla pelle, scappava e cercava di togliersela rotolandosi per terra o sul letto. Più spalmavamo, più cercava di togliersela, gridando. Sicuramente, i villeggianti al di fuori del nostro appartamento nel villaggio avranno pensato chissà cosa, sentendo quelle grida disperate. Molto probabilmente avranno pensato che fossimo dei genitori violenti.

È possibile che i genitori si trovino di fronte a sfide e sentimenti nuovi e sconosciuti, che possono generare preoccupazione, confusione e incertezza.

Per coloro che non hanno esperienza diretta con l'autismo o altre disabilità, l'incontro può rappresentare un punto di ingresso in un mondo sconosciuto e complesso. Possono trovarsi ad affrontare situazioni e domande per cui non hanno ancora risposte, e possono sentirsi inadeguati o insicuri nel prendere decisioni per il bene del loro bambino.

Tuttavia, è importante sottolineare che l'incontro può anche essere un'opportunità di crescita personale e di apprendimento. I genitori possono intraprendere un percorso di comprensione e acquisizione di conoscenze sull'autismo, cercando informazioni, connettendosi con professionisti esperti e coinvolgendosi in comunità di supporto.

È anche essenziale per i genitori accogliere e riconoscere le proprie emozioni, comprese quelle più difficili. La consapevolezza delle proprie limitazioni e il raggiungimento di un equilibrio emotivo sono importanti per affrontare le sfide che si presentano lungo il percorso.

Infine, l'incontro può essere un'occasione per costruire relazioni con altre persone che condividono la stessa esperienza, inclusi altri genitori di bambini autistici o comunità di supporto. Questo può fornire un sostegno emotivo prezioso e la possibilità di scambiare esperienze e consigli con chi ha affrontato situazioni simili.

In sintesi, l'incontro per due genitori con un figlio autistico può comportare difficoltà iniziali per coloro che non hanno esperienza diretta con la disabilità, ma può anche essere un'opportunità di crescita personale, apprendimento e connessione con una rete di supporto.

4 LA CONVIVENZA

DIFFICOLTÀ

La difficoltà maggiore è che spesso, la società in generale ha una scarsa comprensione dell'autismo e delle sue caratteristiche. Ciò può portare a giudizi errati, stereotipi e mancanza di consapevolezza delle esigenze specifiche dei bambini autistici e delle loro famiglie; di conseguenza, a causa delle esigenze particolari del bambino autistico, i genitori possono sperimentare un senso di isolamento sociale. Attività ricreative, eventi sociali e occasioni di interazione con altri genitori potrebbero risultare più complicate o limitate, creando un senso di separazione e solitudine.

A causa della mancanza di consapevolezza sull'autismo, i genitori possono essere oggetto di stigmatizzazione e pregiudizi da parte della società. Ciò può influire sul loro benessere emotivo e sul loro senso di accettazione e inclusione.

Purtroppo il comportamento di un bambino autistico, che non risponde alle regole sociali, può essere causa di discriminazione da parte di alcuni genitori. Ciò può derivare da una mancanza di comprensione dell'autismo e delle sue caratteristiche, nonché da stereotipi e pregiudizi associati alla condizione.

Alcuni genitori potrebbero avere aspettative rigide sul comportamento dei bambini e possono reagire in modo negativo o con disapprovazione quando un bambino autistico si discosta dalle norme sociali convenzionali. Possono esserci commenti insensibili, esclusioni o giudizi negativi che possono contribuire alla discriminazione e all'isolamento del bambino autistico e della sua famiglia.

5 RIFLESSIONI

Sono trascorsi 17 anni dal momento in cui ho scoperto che mio figlio è autistico. Sono stati accompagnati da difficoltà giornaliere di smarrimento, non sapevo da dove cominciare, e da incomprensioni da parte della società. Durante questo periodo, questa esperienza mi ha portato a esprimere diverse riflessioni.

Accettazione e adattamento: il percorso che ho compiuto per accettare e adattarmi alla realtà dell'autismo di mio figlio, affrontando le sfide quotidiane e sviluppando strategie per supportare il suo benessere e sviluppo.

Crescita personale: questa esperienza mi ha cambiato come persona, le difficoltà e le incomprensioni che ho affrontato mi hanno reso più resiliente, empatico e aperto a nuove prospettive.

Ho sviluppato le abilità nel comprendere meglio l'autismo e nel gestire le situazioni complesse che possono sorgere.

Rifletto sul ruolo che ho svolto nella sensibilizzazione e nell'educazione degli altri sulla condizione dell'autismo. Ho cercato di combattere gli stereotipi, di promuovere l'accettazione e di creare un ambiente più inclusivo per mio figlio e per gli altri bambini autistici.

Voltando lo sguardo, durante questi anni si possono celebrare successi e i traguardi che Leonardo ha raggiunto, sono piccole, grandi vittorie, che possono essere un'ispirazione e una fonte di speranza per il futuro.

6 LA TATTICA

TERAPIA RIABILITATIVA

Partecipai ad un corso per l'analisi del comportamento applicata per l'autismo per genitori, insegnanti, tutor, terapisti, ecc. Le figure che possono interagire e lavorare con bambini con vari tipi di disturbo intellettivo relazionale.

Fu molto interessante, mi colpì l'architettura del metodo composta da un applicazione metodologica estremamente rigorosa, nell'ambito della quale è previsto un monitoraggio costante dei risultati raggiunti. Vidi dei piccoli video delle varie fasi d'intervento dove i bambini conseguirono risultati incoraggianti.

Tornai a casa, con Mariella decidemmo di intraprendere il metodo comportamentale ABA (Applied Behaviour Analisys, Analisi Applicata del Comportamento). Non fu facile trovare professionisti, ma a Lucca un'associazione ci aiutò nella ricerca, facendoci incontrare due psicologhe nei ruoli di Super-visore e tecnico specializzato nel comportamento, assistenti, analisti del comportamento.

Il programma ABA consiste nell'applicazione intensiva dei principi comportamentali per l'insegnamento di abilità sociali (linguaggio, gioco, comunicazione, socializzazione, autonomia personale, abilità accademiche, ecc.) e per la correzione di comportamenti problematici.

Andammo a Lucca e incontrammo l'equipe di specialiste. Fu per noi genitori un incontro pieno di speranza, ci spiegarono come si strutturava l'intervento. Decidemmo di fare l'intervento più efficace, quello intensivo che era composto da 3 ore al giorno per tutta la settimana, sabato compreso.

Iniziammo subito, Leo fu sottoposto a una valutazione esaustiva da parte di uno specialista e pochi giorni dopo incominciammo ad acquistare tutto il materiale, dal tavolino a giochi da scomporre, oggetti vari, fototessere, stampante e plastificatrice, ecc.

L'equipe fece il sopralluogo a casa, liberammo una stanza della casa, mettemmo il tavolo al centro e un lato della parete venne allestito con tutto il materiale per la riabilitazione.

Prepararono la prima sessione, consisteva nel far star seduto Leonardo per pochi secondi al tavolo di lavoro. Leo non riusciva a stare seduto ad un tavolo per più di pochi secondi, se non per mangiare.

I primi giorni sono stati duri, Leo girava nella stanza costantemente come se fosse un animale chiuso in uno spazio, ogni tanto si sedeva per un istante al tavolo dietro un rinforzo alimentare, la sessione durò circa un'ora e Leo si sedette circa 15 volte, che fatica!

I giorni di sessione furono intensi e faticosi, ma i primi risultati si cominciarono a toccare con mano; riporto la relazione rilasciata dopo ogni sessione a conferma dell'efficacia dell'intervento.

LEONARDO LEONIDE

Riunione del 29/09/2011

Presenti: Leonardo, Mariella, Gianfranco, Arianna, Michele, Valentina, Serena.

Commenti generali: l'ultima volta che ho visto Leo abbiamo letteralmente "lottato" ed oggi l'ho visto stare seduto a tavolino per quasi un'ora! Direi che già questa è una piccola conquista!

Continuiamo a lavorare avendo come obiettivo primario la collaborazione, perciò la programmazione può attendere, avremo tutto il tempo di insegnare a Leonardo cose importanti ed utili per la sua vita. Adesso però la cosa più importante è avere il controllo istruzionale su di lui. Questo possiamo farlo, come sappiamo, usando i rinforzatori.

Successivamente, quando Leo è più collaborativo e riesce a stare seduto e attento per diverso tempo, incominciamo con il programma, ottenendo subito degli ottimi risultati. Il metodo viene utilizzato anche nella vita quotidiana.

Nel periodo estivo prima dell'inizio dell'anno scolastico, ci mettemmo alla ricerca di una scuola adeguata per il suo percorso educativo. Leonardo, affetto da autismo, aveva bisogno di un ambiente che potesse offrire un intervento comportamentale basato sull'Analisi Applicata del Comportamento (ABA). Dopo una ricerca attenta, trovarono l'Istituto Immacolata, una scuola primaria paritaria situata a Sarzana.

Con grande speranza, iscrivemmo Leonardo all'Istituto Immacolata, dando inizio a un percorso educativo che avrebbe avuto un impatto significativo sulla sua vita. Leonardo era un bambino straordinario, ma l'autismo gli aveva presentato sfide uniche. Il nostro pensiero era quello di offrirgli le migliori opportunità per crescere e svilupparsi in un ambiente favorevole.

Cominciarono così cinque anni di intensa collaborazione tra noi, Leonardo e la scuola. Sin dall'inizio, la scuola si dimostrò aperta e pronta a lavorare con Leonardo. Gli insegnanti, gli educatori e il personale scolastico con grande sforzo impararono a utilizzare il metodo comportamentale e altre strategie educative specifiche per gli studenti con autismo.

Durante il suo percorso alla scuola Immacolata, Leonardo compì notevoli progressi a livello sociale. Grazie all'attenzione e alla dedizione degli insegnanti e dei terapisti, imparò a interagire con i suoi compagni di classe in modi che inizialmente sembravano impossibili.

L'Istituto Immacolata non era solo una scuola, era diventata una seconda casa per Leonardo.

Il percorso scolastico di Leonardo presso l'Istituto Immacolata fu un viaggio straordinario. La sua storia dimostra che, con il giusto sostegno e la giusta dedizione, ogni individuo, indipendentemente dalle sfide che affronta, può raggiungere grandi traguardi.

Grazie all'amore, alla determinazione, all'educazione e alla fiducia ricevuti abbiamo dimostrato che, insieme, era possibile fare la differenza nella vita di un bambino con autismo.

Leonardo è ora pronto a intraprendere una nuova fase della sua vita. La sua storia è un esempio tangibile del potenziale illimitato che ogni bambino porta con sé, indipendentemente dalle sfide che possano presentarsi.

7 PROGETTO

Come da routine una mattina mi trovai ad eseguire un sopralluogo per un nuovo lavoro, incontrai la committenza sul cantiere e ascoltai le loro richieste e le annotai.

Tra le diverse richieste, fatto salvo lo standard parte impiantistica e sicurezza, ve ne sono alcune come il visualizzare e controllare da remoto le automazione dell'impianto cioè sia dalla sala operativa stando seduti di fronte ad un PC o in un qualsiasi punto esterno da un tablet, oppure sul posto cioè sull'impianto. In entrambi i casi gli operatori possono visualizzare gestire e modificare i parametri di lavoro in tempo reale.

Il sistema telecontrolla e gestisce le varie attività e grandezze come: avviamento delle utenze, regolazione della velocità dei motori, la misurazione della portata, i radar rilevano l'altezza dei livelli nei vari punti degli impianti, degli ossimetri misurano i valori dei livelli di ossigeno delle vasche, verifica se un ciclo di lavoro è stato eseguito correttamente.

Se una di queste misurazioni o attività non è congruente con le lavorazioni o parametri impostati, il sistema invia un allarme e, in base alla gravità, attiva o inibisce il processo di lavoro.

Sul cantiere quel giorno le maestranze stanno terminando le rifiniture sulle pareti del locale tecnico, il quale è composto da due grandi locali con finestre ed un bagno. Con il futuro responsabile dell'impianto entrammo all'interno del locale ed esplorando l'immobile alla fine del percorso, lui lancia una battuta scherzosa: "Sembra un appartamento con bagno, potremmo affittarlo".

Ad un certo punto mi immaginavo Leonardo all'interno dei locali intento ad andare in cucina e apparecchiare la tavola, sempre accompagnato dal suo rinforzo, la maglietta posata sulle spalle e con un lembo adagiato intorno alle orecchie, per qualche istante mi scorre la mia vita lavorativa davanti agli occhi e mi resi conto che dopo 38 anni di installazioni di impianti tra gru, navi, industrie, ecc., forse potevo aiutare Leonardo.

Penso in che modo posso dare a Leonardo un contributo per una vita in autonomia, sicuramente ci vuole sempre una presenza che gli scandisca in ordine cronologico e temporale le attività in modo chiaro ed univoco.

C'è bisogno di un sistema che possa controllare tutte le azioni che vengono eseguite nella vita quotidiana da una persona in un appartamento e che controlli che siano state eseguite correttamente, come alzarsi dal letto in orario, apparecchiare, sparecchiare, uscire di casa, ecc. Nel caso in cui non sia avvenuta un'azione, il sistema gliela faccia ripetere correttamente, e se non andasse a buon fine, avvisi un aiuto esterno per terminare l'attività.

Riflettendo potrei immaginare un sistema automatico nella nostra casa dove Leo vive, è l'ambiente con le qualità migliori a lui famigliare, confortevole, protettivo, silenzioso, conosciuto, contiene tutti i suoi oggetti posizionati secondo i suoi schemi; questi lo aiutano nella sua routine quotidiana gli danno un senso di sicurezza e tranquillità.

Qual è il sistema che può interagire con Leo e in che modo può interagire, quale tecnologia utilizzare, quale strumento multimediale interattivo può coinvolgere Leo e che tipo di vigilanza da remoto utilizzare, quanta sicurezza occorre per la vita quotidiana in un appartamento? Sono domande a cui dare risposta.

Unire due sistemi: Automazione e Domotica.

La parola "automazione" deriva dalla parola latina "automatus", che a sua volta ha origine dal termine greco "automatos", significante "mossa da sé" o "auto-mosso". Il concetto di automazione è legato all'idea di rendere i processi o i dispositivi in grado di eseguire operazioni in modo automatico, senza la necessità di un intervento umano continuo.

Il significato di automazione è l'uso di tecnologie, sistemi e processi per controllare e gestire le operazioni in modo autonomo e automatico. Questo può essere applicato in vari settori, come l'industria, l'informatica, la produzione, la robotica e molti altri. L'obiettivo dell'automazione è aumentare l'efficienza, la precisione e la velocità delle operazioni, riducendo al contempo l'intervento umano diretto.

L'automazione coinvolge spesso l'uso di sensori, attuatori e sistemi di controllo per monitorare, valutare e rispondere alle condizioni dell'ambiente circostante. In questo modo, i processi possono essere regolati e adattati in tempo reale senza necessità di intervento umano costante.

La parola "domotica" è la combinazione delle parole "domus", che significa "casa" in latino, e "automatica". Quindi, la parola "domotica" deriva dalla fusione di queste due parole e il suo significato è "automazione domestica".

La domotica si riferisce all'applicazione di tecnologie e sistemi automatizzati all'interno delle abitazioni o degli edifici al fine di migliorare il comfort, la sicurezza, l'efficienza energetica e la gestione delle risorse. Gli elementi della domotica possono includere sistemi di controllo per l'illuminazione, il riscaldamento, la climatizzazione, la sicurezza, gli elettrodomestici e altri dispositivi elettronici presenti in casa.

L'obiettivo principale della domotica è semplificare la vita quotidiana delle persone, rendendo possibile il controllo automatizzato e la gestione remota degli aspetti domestici. Ad esempio, attraverso l'uso di smartphone o dispositivi intelligenti, è possibile regolare la temperatura dell'abitazione, controllare le luci, monitorare i sistemi di sicurezza e altro ancora, anche quando ci si trova lontani da casa.

In sintesi, la domotica è l'insieme di tecnologie e soluzioni che consentono di automatizzare e controllare vari aspetti della casa in modo da migliorare il comfort, la convenienza e l'efficienza.

Automazione e domotica: in queste due parole manca ancora qualcosa alla mia idea per aiutare Leo; comincio la ricerca.

8 RICERCA

Comincio la mia ricerca in libreria in città, a La Spezia. Visito diverse librerie consulto testi che riguardano soluzioni tecniche per persone fragili.

Acquisto diversi libri, comincio a leggere. Il primo dà indicazioni sul controllo degli spazi abitativi, prediligono il comfort e la sicurezza ma con una bassa interazione con la persona.

La soluzione descritta si occupa di un sistema strutturale che consente l'impiego di tecnologie e dispositivi che l'utente attiva e gestisce, anche a distanza, per esempio l'automazione degli impianti di casa. Le sue principali applicazioni sono le seguenti:

la prima soluzione presuppone il controllo di una persona fragile allettata, il sistema domotico controlla lo stato, ovvero avvisa l'operatore quando la persona allettata si alza. La seconda soluzione emette un suono di modo che il personale possa essere avvisato, poi il sistema va tacitato, spento.

Provo a immaginare Leonardo alzarsi la mattina, e il sistema mi avvisa o emette un suono, così potrei sapere che Leo si è alzato dal letto, utile, ma per la seconda soluzione ovvero quando il sistema emette un suono, troverei sicuramente Leonardo intento a tapparsi le orecchie e a rimanere immobile, data la sua sensibilità uditiva.

Un sistema così strutturato potrebbe servirmi per segnalare che Leo si è alzato dal letto e niente di più. Quello che cerco deve dare autonomia, lo deve svegliare ad un orario prestabilito, con la voce della mamma e una volta alzato interrompere automaticamente la sveglia e dopo che lo segua e gli suggerisca le fasi successive della giornata.

Leggo il secondo libro, con molte soluzioni interessanti e un testo dedicato alla disabilità.

I temi trattati sono i seguenti:

la prima parte si occupa della gestione delle apparecchiature dell'impianto elettrico, riarmo automatico dell'interruttore principale, gestione dei carichi elettrici, scaricatore di sovratensione, ecc.

La seconda parte riguarda l'interazione tra l'utente e lo spazio della casa: apertura e chiusura di porte e finestre motorizzate, utilizzo di telecomandi o assistenti vocali per spegnere le luci utilizzate da persone che non deambulano.

Per i non vedenti indicatori vocali, per utenti sordi, quando suona il telefono o il campanello di casa, (all'attivare della telefonata o del campanello di casa) si accendono le luci per segnalare la chiamata, ecc.

Una grande gamma di soluzioni intelligenti ma potrebbero aiutare poco Leo, visto che non parla, ed è autonomo nel chiudere finestre e porte, sa spegnere e accendere le luci, apparecchiare la tavola ed è in grado di fare le attività quotidiane. Il problema è che non riconosce il tempo che scorre e va guidato con una sorta di cronoprogramma.

Le persone con autismo possono avere difficoltà a comprendere il concetto dello scorrere del tempo, per vari motivi legati alle caratteristiche neurologiche dell'autismo.

Difficoltà di astrazione: molte persone autistiche tendono a pensare in modo molto concreto e letterale. Il concetto astratto del tempo, che non può essere toccato o visto, può risultare confuso o difficile da comprendere.

Mancanza di riferimenti visivi: il tempo è spesso rappresentato attraverso orologi, calendari e segnali visivi. Le persone con autismo potrebbero non essere in grado di associare questi riferimenti visivi al passare del tempo in modo intuitivo.

Flessibilità cognitiva limitata: l'autismo può comportare una tendenza alla rigidità mentale e alla difficoltà nel cambiare il focus o l'attenzione da un'attività all'altra. Questa rigidità può influire sulla percezione del tempo, facendo sembrare che il tempo passi più lentamente o che si fermi, quando ci si concentra su un'attività specifica.

Mancanza di interesse: le persone autistiche potrebbero concentrarsi intensamente su un'attività o un argomento di interesse, perdendo la percezione del tempo che scorre. Questo può far sembrare che non abbiano una comprensione accurata del tempo.

Difficoltà di previsione: l'autismo può influenzare la capacità di prevedere eventi futuri o pianificare in anticipo. Questo può rendere difficile comprendere quanto tempo manca per un evento futuro o quanto tempo è passato da un evento passato.

Necessità di routine: molte persone con autismo apprezzano e si sentono più sicure con routine e orari fissi. Tuttavia, questa enfasi sulla routine può far sembrare che il tempo sia meno rilevante, poiché le azioni e le attività sono spesso guidate dalle routine piuttosto che da un orologio.

È importante notare che l'esperienza dell'autismo è altamente individuale e che alcune persone con autismo possono sviluppare una comprensione del tempo migliore di altre. Tuttavia, le difficoltà nel comprendere lo scorrere del tempo possono essere un aspetto comune dell'autismo, dovuto alle sue caratteristiche cognitive e sensoriali.

Il terzo testo tratta di alcune abitazioni riconvertite con domotica per utenze fragili.

Viene ben spiegata tutta la fase progettuale architettonica, compreso l'abbattimento delle barriere, ma mi colpisce un appartamento dove gli utenti interagiscono con un PC, e al termine di una parte di attività devono tacitare (ossia, per poter continuare ad avere il supporto del sistema, devono obbligatoriamente toccare lo schermo del dispositivo installato nel loro appartamento, altrimenti il sistema si blocca e non si sa se l'attività richiesta è stata completata con successo), per passare alla successiva attività. Per Leo diventerebbe un obbligo, un vincolo; la sua routine dipenderebbe da un PC, e se non funzionasse, sarebbe un punto di stress.

Ci vuole un "assistente domiciliare" automatico, cerco altri testi su internet, ma non trovo niente al caso mio.

La ricerca prosegue e mi oriento sulle aziende elettriche che costruiscono componentistica domotica, recupero cataloghi e dati tecnici, li spulcio, ma propongono solo una parte delle mie idee.

Tutte le aziende utilizzano le principali funzioni, come illuminazione, tapparelle, riscaldamento, climatizzazione e sicurezza; esse sono interconnesse e gestibili a distanza, tramite un interruttore a parete o un comando vocale, oppure via smartphone, tablet o computer.

Una casa smart può programmare diversi scenari, ad esempio quando una persona entra in casa si accendono le luci, oppure alle 8 si alzano le tapparelle dell'appartamento dal lunedì al venerdì, oppure rileva la presenza di qualcuno all'esterno e ti avvisa tramite un sms sullo smartphone, ecc. Ci sono tantissime possibilità, ma funzionali solo in parte alle esigenze di Leo.

Devo trovare la possibilità di far interagire un sistema costituito da un programma, il quale suggerisca o verifichi che Leo ha eseguito quell'azione e allo stesso tempo che l'attività eseguita sia corretta e conoscere la sua posizione nello spazio e prevedere le sue azioni successive, utilizzando i sensori come dispositivi che rispondono ad un segnale o ad uno stimolo e che l'attività venga trasmessa e processata dal sistema, con la massima autonomia decisionale.

Venuto a conoscenza della manifestazione fieristica, dove sono esposti prodotti e servizi del mondo sanitario e sociosanitario, ho pensato che forse lì posso trovare delle idee o soluzioni da utilizzare come base di partenza al mio progetto.

Chiedo al mio amico Paolo di accompagnarmi, la partenza è alle 6 circa, dopo un paio d'ore si arriva al salone fieristico. C'è traffico sostenuto all'uscita del casello, la cosa ci rallenta ma riusciamo a parcheggiare.

Il salone è molto affollato, seguiamo il flusso di visitatori, promette bene, esploriamo i padiglioni, c'è un'ampia varietà di espositori, si trovano dai prodotti e servizi per gli ospedali, alla diagnostica, la sanità digitale, l'ortopedia, la riabilitazione, la disabilità e l'assistenza, insieme a progetti e soluzioni tecnologiche per la qualità del servizio sanitario.

Cerchiamo il padiglione giusto e cominciamo a passare tra gli stand dedicati alla disabilità e per persone fragili; trovo ausili per la comunicazione e la segnalazione, ausili per la mobilità personale, domotica.

Nonostante vi fossero aree tematiche specializzate molto interessanti e geniali, però non trovo quel sistema che ho in mente io, è come avere un'immagine chiara di un puzzle a me completo ma posizionato scomposto sul tavolo, ognuno ne ha costruito un pezzo, senza assemblarlo.

9 IL CAMMINO

L'INCONTRO

Leonardo compie 16 anni, e in questa fase d'età ci viene proposto un progetto per promuovere la sua autonomia.

Questo obiettivo è guidato dall'idea di migliorare l'inclusione, favorire lo sviluppo di competenze e abilità, e consentire la costruzione dell'identità personale. L'obiettivo è anche quello di accrescere l'autostima, migliorare le strategie di risoluzione dei problemi e di pianificazione, sviluppare la cura di sé e potenziare le funzioni esecutive in varie situazioni. In sintesi, si mira a preparare Leonardo e altri ragazzi alla piena integrazione nella società, tenendo conto delle esigenze di socializzazione e crescita individuale.

Nella logica di autonomia ci viene proposto il suo nuovo educatore che lo accompagna nelle nuove attività.

Ci presentiamo, per gli amici è Mariano, ma in realtà il suo vero nome è Sergio, giovane psicologo, ha una presenza snella, ha poco più di 24 anni, con un portamento delicato che trasmette un'aria di grazia. Dopo le presentazioni invita Leo a salire sul pulmino parcheggiato di fronte al cancello di casa completo di tutti i ragazzi, la prima uscita è la spiaggia.

Il suo comportamento è riservato e pacato nel parlare, suggerendo un atteggiamento riflessivo e misurato. Un tratto distintivo è la sua attenzione ai dettagli, in particolare quando dialoga con individui più fragili, dimostrando rispetto per i loro tempi e ascoltando con empatia.

Le uscite si susseguono nel tempo ed entrando in confidenza si arriva a parlare del "dopo di noi", argomento spinoso per ogni genitore con un ragazzo disabile grave, in un attimo ci si trova immersi nello spazio intergalattico dentro un'astronave dove viaggi tutti i giorni nel vuoto e osservi dall'oblò le luci bellissime di stelle e galassie ma troppo lontane per raggiungerle. Provi una sensazione di un vuoto senza tempo, non si sanno dare risposte.

Gli accenno la mia visione, mi piacerebbe vedere Leo vivere nella propria casa ma per tutto ciò ha bisogno di un assistente automatico abitativo, che lo aiuti tutti i giorni nelle autonomie di casa, gli narro un po' delle mie ricerche fatte e di come dovrebbe funzionare, dell'assenza sul mercato di un sistema completo.

Rimane incuriosito, subito mi dà la sua disponibilità nel proseguire insieme la ricerca e la progettazione, gli propongo di leggere i libri da me precedentemente acquistati, affermo che aiutano a percepire una nuova visione sulle tecnologie poste a servizio della fragilità.

Passato un paio di giorni, ci si rincontra fuori dal cancello di casa, Leo scende dal pulmino e saluta i ragazzi, poi entra in casa, noi rimaniamo fuori a parlare del progetto.

Comincia un dialogo intenso pieno di idee da mettere in pratica, il cammino intrapreso è lungo e complesso.

La prima domanda che ci siamo posti, è come interloquire con Leo, cioè quali strumenti riconosce e accetta e per quanto tempo, quale interfaccia porre tra Leo e il sistema e quali informazioni efficaci possono essere visualizzate, sicuramente devono essere chiare, efficienti ed indicare con precisione gli obiettivi e i relativi compiti.

Rifletto sul modo in cui è attratto dai sistemi audiovisivi quali TV, monitor, iPhone. Può essere un mezzo con un rinforzo positivo che lo induca e lo spinga a ripetere o ad eseguire l'attività trasmessa.

Leo è attratto dalle immagini e dai video per le seguenti ragioni: per lui le immagini e i video possono essere più accessibili e comprensibili rispetto alle parole, è attratto dai dettagli che scorrono, alcuni tratti di video li ripete per decine di volte, ripetendo le parole trasmesse, il che è sicuramente un apprendimento.

Buttiamo giù un programma sulle prime attività da mettere in cantiere, raccolta dati, valutazione e sperimentazione, prove, risultati e conclusioni.

La mattina invito Mariano a casa e dopo una buona tazzina di caffè cominciamo il sopralluogo, la casa è situata in campagna tra ulivi e corridoi di boschi che dividono i campi coltivati, per arrivare alla casa si sale su una strada a senso unico stretta tra i campi.

Esternamente è composta da un ampio parcheggio, subito dopo c'è un giardino piantumato con alberi da frutto, un po' di orto e poi prato dove si intravede una casetta in legno col tetto spiovente dove vivono due galline.

Per entrare in casa si salgono una decina di gradini, si entra in sala, poi c'è la cucina, la camera di Leo e il bagno, un terrazzo con vista ulivi, il piano inferiore con la camera matrimoniale.

Si valuta di lavorare sul lato superiore della casa, il primo tentativo da mettere in atto è verificare se Leo ad una richiesta eseguita da un'entità esterna cioè uno strumento artificiale, esegue, portando a conclusione la richiesta inviata.

Pensiamo ad una richiesta molto semplice, con un'azione facile, quale chiudere la porta del frigorifero, il video deve essere breve e comprendere l'azione di chiusura della porta.

Di frigorifero ce n'è uno solo ed anche molto grande, e poi è lo scrigno dove ci sono gli alimenti graditi a Leo. Ci lasciamo con i seguenti compiti, io preparo il video, lo carico nel PC, Mariano prepara una scheda "osservazioni baseline" per annotare i comportamenti emessi da Leo.

Come da accordi presi, la mattina successiva Mariano viene a prendere Leo per le attività del mattino, nel frattempo io preparo i collegamenti elettrici tra PC e TV situata all'ingresso, decidiamo che appena Leonardo entra dalla porta d'ingresso, lancio il video con la richiesta.

Alle 12:00 Leo apre la porta di casa ed entra nella sala d'ingresso, seguito da Mariano; io ho posizionato il PC sulla parte superiore della stufa a pellet, che è posta sotto la TV a parete nella sala/ingresso, lancio il video "Leo chiudi il frigorifero", nella TV su grande schermo si vede la mia figura accanto al frigorifero che chiude la porta, Leo rimane fermo sotto la TV un po' smarrito, velocemente rilancio il video che dura circa 4 secondi, Leo si sposta in cucina, però non compie l'azione e torna in sala dove si trova la TV, rilancio il video, ne segue che Leonardo va sulla soglia della cucina e con lo sguardo rivolto verso il frigorifero, vede la porta aperta, velocemente la va a chiudere.

Noi ci guardiamo soddisfatti, abbiamo trovato il mezzo con il quale si può aiutare Leonardo, Mariano compila la griglia di osservazione appositamente costruita.

10 LO STUDIO LE IDEE

Valutiamo di riprendere Leonardo con un'apposita telecamera installata su un cavalletto trasportabile nelle varie stanze, per tutto l'arco dell'intera giornata, cioè da quando si alza al mattino fino alla sera e per tutta la settimana.

Al fine di raccogliere tutte le abitudini e le routine comportamentali e gli impegni di Leo, dal materiale che analizziamo è possibile raccogliere informazioni indispensabili ad avviare la progettazione di un sistema informatico e domotico che soddisfi al meglio le esigenze di Leo.

Per circa un mese riprendo Leo dalla sveglia a quando mangia fino ad arrivare alla sera, quando si addormenta e parallelamente annoto sulla apposita griglia i dati richiesti nelle apposite caselle.

Abbiamo raccolto un gran numero di informazioni ecologiche del comportamento, come si muove Leo nell'ambiente familiare, informazioni ergonomiche, l'interazione con gli oggetti a lui comuni, la sequenza degli spostamenti tra le varie stanze, le sue routine. Questa raccolta di dati è necessaria a delineare una prima sperimentazione.

Dopo un paio di giorni ci incontriamo nell'ampio tavolo in giardino, per analizzare tutti i dati raccolti. Incominciamo ad analizzare ogni azione eseguita da Leo e la verifichiamo con le rispettive schede; nello scorrere delle immagini notiamo come Leo familiarizza con la telecamera, annotiamo le attività svolte nella giornata, quante volte utilizziamo i rinforzi per aiutare Leonardo a compiere un'azione o un compito, prendiamo atto di quanto tempo intercorre tra un'azione e un'altra, apparecchiare e preparare il pranzo, sparecchiare, andare a lavare i denti, ecc.

Iniziamo a lavorare sulla cartina planimetrica della casa, con un bel pennarello rosso tracciamo il percorso che Leo compie nell'arco della giornata e assegniamo in ordine di evento un numero progressivo nelle varie stazioni di sosta, partendo chiaramente dalla camera, dal letto dove Leo al mattino si sveglia, fino ad arrivare sempre nella sua stanza da letto dove la sera si addormenta.

Predisponiamo un elenco di richieste, ma non disponendo di nessun sistema automatico che attivi le richieste, dobbiamo inviare manualmente i video su tutti gli schermi disponibili, ma non avendo monitor disponibili, utilizziamo le TV presenti in casa.

11 SPERIMENTAZIONI E PROVE

Per procedere alla prima sperimentazione acquisto diversi componenti elettronici su internet, che servono a collegare in rete le TV presenti nelle stanze. Per fare ciò dobbiamo collegare fisicamente le TV con un cavo di rete ai vari trasmettitori e ricevitori.

L'esperimento viene eseguito nelle stanze più utilizzate da Leo che sono ingresso/sala, cucina, camera da letto. Per prima cosa preparo i cavi elettrici, stesi lungo il percorso e chiedo a Leonardo di aiutarmi a costruire l'impianto.

Apro le cassette porta-cavi che sono presenti in tutte le stanze della casa, all'interno delle quali si trovano i tubi corrugati. Comincio ad inserire la sonda passacavi all'interno del tubo corrugato che collega la cucina con la camera da letto.

Passo nella camera da letto, dove esce la sonda all'interno della cassetta porta-cavi, ha percorso la distanza tra le due estremità delle stanze, dalla parete vicino all'ingresso alla parete che confina con la cameretta di Leo.

Leo è fermo in piedi vicino alla fine all'estremità della sonda in corrispondenza dell'armadio che termina all'ingresso della stanza a fianco della cassetta e guarda attentamente il lavoro che svolgo.

Faccio avvicinare Leo e lo metto di fronte alla cassetta poi gli dico verbalmente di prendere la sonda e tirare, per aiutarlo simulo l'azione con le mie mani, tirando la sonda alcuni centimetri fuori dal tubo.

Leo è pronto, con le mani afferra la sonda e tira, io corro velocemente nella stanza della cucina e comincio ad aiutare il cavo ad entrare nel corrugato ma Leo tira senza sosta e molto velocemente, c'è il rischio che il cavo si stacchi dalla sonda.

Dico a Leo di fermarsi, di cavo ne abbiamo infilato nel corrugato solo due metri, ne dobbiamo inserire in totale cinque metri, perciò chiedo a Leo di tirare nuovamente la sonda, ma non dà risposta e il cavo non si muove.

Decido di andare nella stanza da letto e trovo Leo nel punto iniziale del lavoro cioè in piedi vicino alla fine dell'armadio, prendo Leo per mano e lo porto di fronte alla cassetta, gli prendo le mani e le porto sul cavo, rimane come congelato immobile di fronte alla cassetta e con il cavo in mano.

Mi affretto velocemente ad andare nella cucina in posizione poi prendo il cavo in mano e urlo: "Leo tira!" Leo riparte a tirare con velocità e forza, a malapena riesco a toccare il cavo che mi scorre tra le mani velocemente, senza che io possa controllarne lo scorrere.

In un lampo il cavo è passato, dico a Leo di fermarsi, si blocca all'istante vado nella camera e trovo Leo di fronte alla cassetta con il cavo in mano, lo ringrazio dell'aiuto, gli dico che abbiamo finito il lavoro e per rinforzare la sua prestazione gli chiedo di battere la mano sulla mia, dicendogli: "Dammi un cinque!" Dal volto traspare una certa soddisfazione.

Comincio i collegamenti delle apparecchiature. Terminato il lavoro faccio una prova, invio il primo video, in un istante tutte le TV collegate trasmettono il solito messaggio: "Leo preparati che arriva Mariano". Questo video è il primo test, la prima richiesta su cui lavorare.

Il giorno seguente alle 14:00, Mariano viene a prendere Leo. La mattina, nel frattempo, ho preparato la telecamera e l'ho posizionata nella camera da letto di Leo, serve per comprendere se questo tipo di sistema può interagire con Leo.

Nella camera da letto di Leo è presente il PC, è il suo angolo relax, ed è composto da una scrivania e per sedia Leonardo usa la palla da psicomotricità.

Leo utilizza il PC per guardare i cartoni animati ed è il rinforzo più potente che abbiamo in casa. Cominciamo perciò con interrompere un'attività molto piacevole, dove questo suo spazio gli permette di immergersi in un mondo fantastico che si fonde con la sua realtà, dandogli gioia e divertimento.

Spesso le frasi o parole che utilizzano nei dialoghi i personaggi dei cartoni animati nelle scene comiche, Leo le verbalizza nei contesti di vita reale, un esempio quando io impongo un'attività in modo autoritario a tutta la famiglia, ma ci sono delle visioni differenti, la battuta di Leo nei miei confronti è la seguente: "Brutto pallone gonfiato".

Viene estrapolata dalla scena del cartone animato della Walt Disney "Il libro della Giungla", quando il papà elefante mette in riga con fare militare il branco compresi moglie e figlio, ma alla richiesta del figlio di cercare il bambino Mogli, il papà si rifiuta, allora la mamma elefante lo apostrofa con la frase "Brutto pallone gonfiato".

Sono le 13:55, Mariano mi invia un sms sul mio telefono: "Sto arrivando con l'auto a prendere Leo". Lancio il video dove si vede la macchina di Mariano che arriva di fronte al cancello di casa e la mia voce che dice: "Preparati che arriva Mariano!"

Come prima reazione Leonardo che è di fronte al PC si blocca, non saltella più sulla palla e, per qualche secondo, guarda il video poi il suo sguardo riprende la visione dei cartoni. Prontamente rilancio il video: "Preparati che arriva Mariano!" Si blocca nuovamente però per un tempo più lungo.

Leonardo si alza dalla palla, ma le mani rimangono sul mouse e sulla tastiera e continua a guardare il cartone, per la terza volta lancio il video: "Preparati che arriva Mariano!" Si blocca e guarda il video, ad un tratto ferma lo scorrere del cartone e chiude la pagina internet.

Leonardo si sposta e si prepara, si toglie la tenuta da casa e infila i calzoni e la maglia. Nel frattempo Mariano è fuori dal cancello di casa, io lo raggiungo e con soddisfazione gli comunico che ci sono voluti solo tre video perché Leo si staccasse dal PC, che è il suo rinforzo principale.

La telecamera installata in camera ha registrato questo primo successo. Con la solita tecnica nei giorni a venire, Leonardo riesce a completare altre richieste, quali: alzarsi dal letto la mattina, chiudere il frigorifero, apparecchiare e sparecchiare.

Elettrizzati dal successo, ci siamo incontrati per proseguire la sperimentazione. Abbiamo fatto il punto sempre in giardino, sul grande tavolo, e abbiamo rivisto i video. Abbiamo notato che nel primo video, Leonardo ha aspettato il terzo video per intraprendere l'azione richiesta. Tuttavia, nelle richieste più recenti, al lancio del video, senza nemmeno aspettarne la fine, ha completato immediatamente la richiesta.

Concordi nel proseguire, decidiamo di costruire il sistema automatico completo di sensori che monitorino Leo e riconoscano le attività svolte. Cominciamo una ricerca sui possibili sistemi esistenti in commercio, ma il risultato della ricerca è vano.

Chiediamo una consulenza ad un programmatore e ci consiglia un piccolo computer, un intero ecosistema hardware offrendo la possibilità di collegamento a molteplici dispositivi elettrici.

Per i sensori attingo alla mia esperienza lavorativa e butto giù un primo elenco dei possibili punti di inserimento.

Il primo posto di installazione è il letto, cioè dove comincia e finisce la giornata di Leo, il secondo punto di controllo è il divano, dove Leo si sdraia dopo essersi alzato dal letto e ci rimane per circa dieci minuti, una sorta di clinomania che si ripete tutte le mattine.

Il terzo punto da sensorizzare è il tavolo dove fa colazione. Qua le cose si complicano visto che l'architettura e le azioni che necessitano per eseguire la colazione, sono composte da molteplici azioni e oggetti.

I sensori previsti sulla tavola devono indicare al sistema se Leo ha apparecchiato o ha liberato la tavola dalle stoviglie. Inoltre il sistema deve sapere se è seduto al tavolo o se si è alzato per determinare l'inizio o la fine della colazione; perciò inserisco nell'elenco il sensore che controlla la presenza di Leo sulla sedia.

Un quarto sensore deve rilevare l'apertura o chiusura della porta del frigorifero, un quinto va previsto sulla porta d'ingresso per l'uscita da casa.

Nel frattempo il programmatore ci prepara il PC con un software, acquisto i monitor che serviranno come interfaccia per comunicare con Leo e li installo in camera e in cucina.

Cominciamo l'installazione con la parte più difficile, controllare l'attività notturna di Leo ovvero se è a letto a dormire o se si è alzato.

Installo un sensore di presenza nella camera di Leo; sembra una banalità ma i sensori di presenza, se si rimane immobili, dopo un certo tempo non ti rilevano più.

Infatti dopo diverse ore il sensore non rileva più la presenza di Leo nella stanza.

Devo trovare un sistema più preciso, ci vorrebbe un sensore che lavori sul peso cioè una cella di carico che è un trasduttore, ossia un componente elettronico che misura la forza applicata su un oggetto grazie ad un segnale elettrico che varia al variare della deformazione che la forza in questione produce sul componente stesso.

Provo a costruire un sensore che invece della misura mi dia uno stato cioè aperto o chiuso in maniera univoca: quando il sensore indica aperto, Leo non è posizionato sul letto, invece quando lo stato è chiuso, Leo è presente nel letto.

Mi procuro delle molle industriali a compressione, scelgo il modello appropriato al mio scopo e successivamente le saldo su un piatto di ferro. Ottenuto un corpo unico, sono simili ad ammortizzatori.

Su ogni zampa del letto inserisco un sensore di finecorsa meccanico e li collego elettricamente ad un circuito di prova.

Terminato il prototipo lo provo immediatamente, lo posiziono sotto le quattro zampe del letto poi chiedo a Leo di sdraiarsi sul letto, Leo si trova nella stanza accanto in cucina e aiuta la mamma a inserire le stoviglie appena sciacquate nella lavastoviglie, non dà seguito alla mia richiesta.

Sono le due del pomeriggio e a quell'ora non si va a dormire, per la seconda volta richiamo in camera Leo e, appena entrato, per farlo sedere sul letto, utilizzo un modello visivo, mi siedo sul letto, gli dico: "Fai come me".

Leo si siede per pochi secondi e poi scappa via, il circuito di prova verifica che l'esperimento funziona, il test finale però lo faremo la notte mentre Leo dorme.

Il giorno seguente il programmatore ci consegna il PC, lo installo nella stanza di Leo. Tra le aste di una spalliera a muro ho inserito una mensola in legno, su cui posiziono la strumentazione di lavoro.

Comunico a Mariano con un messaggio al telefono l'avvenuta installazione del sistema PC e sensori con successo e di essere pronto per la prova.

La risposta è immediata, il sabato mattina verifichiamo il funzionamento, quando si sveglia rispondo: "A che ora vieni a prendere Leo?"

"Alle dieci", risponde. Il timer, cioè la sveglia, si deve azionare alle otto e trenta, sai che Leo ha i suoi tempi per prepararsi, ci lasciamo con un messaggio: "Finalmente partiamo!"

Il venerdì sera preparo nella camera di Leo la telecamera che immortala l'evento, poi programmo la sveglia nel touch screen, tutto è pronto.

L'aspettativa di questo primo passo suscita una forte trepidazione, cioè vedere Leo che si alza dal letto da solo.

È lei che lo sveglia tutte le mattine, la mamma Mariella. Infatti abbiamo utilizzato un video dove la voce narrante della mamma ripete le parole utilizzate da sempre: "Amore, è ora di alzarti, svegliati!"

Insieme alla voce della mamma, per pochi secondi, viene trasmessa una visuale dei prati in fiore che circondano la casa.

Sono le otto e trenta, si attiva il sistema ma si sente solo la voce della mamma, il touch screen è buio, non parte il video, il sistema deve ripetere il video ogni 3 minuti, ma ahimè si ripete solo il vocale.

Alle dieci arriva Mariano, prima di intraprendere la passeggiata mattutina con Leo rivediamo il filmato e c'è un po' di delusione.

Contattiamo il programmatore, spiegandogli il malfunzionamento, ci riferisce che in settimana passa a casa e verifica.

Il sabato successivo riproviamo. Come da routine il venerdì installo la telecamera in camera di Leo, ormai abituato a questa presenza, quella mattina io mi metto vicino alla porta d'ingresso in silenzio, Leo dorme beato nel suo letto e alle otto e trenta si avvia il sistema.

Scorre il video dei prati in fiore ma non si sente la voce della mamma che lo sveglia, aspetto la sequenza successiva ma non parte il sonoro, aspetto ancora, ma la voce della mamma non si propaga nella stanza, intanto Leo dorme come un angioletto.

Sono le dieci e si presenta puntuale Mariano a prendere Leo, mi chiede com'è andata la sveglia, rispondo: "Male, questa volta si è attivato il video senza il sonoro".

Leo non si è svegliato, francamente come prima prova è un po' deludente, spieghiamo al programmatore che il sistema non funziona, ci rassicura: "Passo in settimana e verifico l'errore".

Il sabato successivo riproviamo alle otto e trenta, io sono sempre vicino alla porta e Leo dorme tranquillo nel suo letto, il sistema si avvia puntuale ma non funziona si blocca il video e non si ripete ogni tre minuti.

È un disastro, il sistema deve essere affidabile, spieghiamo al programmatore, Leo ha bisogno di una struttura infallibile, sempre presente, sempre funzionante, una seconda mamma.

Ci risponde forse il limite è nel programma scelto, che non riesce a gestire bene i video ed i sensori, ci lasciamo con un suo studio ed approfondimento su nuovi programmi.

Un po' delusi, comunque con Mariano si decide di riprendere ad installare tutti i sensori nella casa e cominciare a testarli. Preparo un pannello con cinque spie di colori differenti.

Ad ogni colore associo un sensore, verde il piano del tavolo della cucina, blu la seduta della sedia del tavolo della cucina, rosso il sensore di movimento della cucina, giallo la seduta del divano in sala, arancione il sensore di movimento nella sala.

Prepariamo una scheda di analisi su cui riportare i dati raccolti quali: posizionamento corretto, livello di prestazione, affidabilità del componente, resistenza all'installazione.

Installo il pannello con le spie sul tavolo da pranzo, nella parte terminale sotto il touch screen, contro il muro della parete, praticamente visibile da ogni angolazione della stanza da pranzo.

Chiaramente si comincia con la colazione del mattino, il bicchiere, il piatto, la bottiglia, i biscotti e il vasetto della marmellata, e poi le posate devono essere rilevate dai sensori fotoelettrici installati sul piano del tavolo.

Alle nove del mattino Leo fa colazione, si illuminano le seguenti spie: verde il piano del tavolo da cucina, blu la seduta della sedia del tavolo da cucina, rosso il sensore di movimento della cucina, io sono in disparte e riporto i dati sulla scheda.

Leo con molta calma fa colazione, non si preoccupa di questi intrusi silenziosi, posizionati vicino a lui. Assieme a Leo, sul lato opposto del tavolo, c'è la mamma Mariella che beve il caffè.

Scorre tutto liscio, Leo termina di fare colazione e appena si alza dalla sedia si spegne il sensore blu, poi velocemente sparecchia il piano del tavolo e si spegne la spia verde.

La mamma vedendo che ha finito gli dice di lavarsi i denti e prepararsi che arriva Mariano. Leo va in bagno, ma il percorso comprende l'attraversamento della stanza della sala, al passaggio si accende nel pannello la spia arancione, per poi rispegnersi. "Funziona a meraviglia!" è il messaggio che invio a Mariano.

Continuiamo a testare il programma per dieci giorni, ma terminate le prove, il risultato è sempre molto deludente, contattiamo il programmatore ma non ci da nessuna nuova notizia.

Durante i giorni seguenti ad ogni incontro il nostro stato d'animo risulta amareggiato, direi un po' frustrato, il nostro sguardo non ha più quella brillantezza di un mese fa.

Nell'attesa di nuove notizie dal programmatore i giorni passano. Come da trentaquattro anni il lunedì mattina mi presento al lavoro, quella mattina ho un incontro con un'azienda che progetta e costruisce automazione industriale e robotica.

L'incontro avviene presso un impianto da riammodernare, dopo i saluti cominciamo a posizionare su un tavolo di fortuna le planimetrie con riportato in opportuna scala i locali del fabbricato, con la posizione di tutti i componenti elettrici e elettromeccanici.

Intorno al tavolo di fortuna le discussioni tecniche vanno avanti per più di due ore, a termine di tali dialoghi terminiamo concordi sullo sviluppo del lavoro futuro.

Ad un tratto mi si avvicina Cesare, che è il titolare dell'azienda e con un sorriso mi chiede con accento piacentino come stia Leonardo, rispondo: "Molto bene fa molti progressi. Lo stimoliamo sempre ad acquisire nuove autonomie", e gli racconto del progetto dell'assistente abitativo. Gli descrivo i successi e le difficoltà trovate, il software inadeguato ai nostri scopi e non nascondo il mio rammarico.

Cesare, che è una persona molto dinamica e solare, mi risponde:

"Se hai piacere proviamo noi ad aiutarti". Mi torna il sorriso e accetto.

Prendiamo accordi, gli consegno la relazione tecnica descrittiva contenente un riassunto delle prove eseguite, con le tipologie dei materiali utilizzati, con la descrizione di funzionamento.

Con Cesare ci lasciamo con l'intento di rivederci appena lui legge la relazione e valuta col suo staff una soluzione.

Mi confronto con Mariano dell'avvenuto incontro e comunicandogli una presa in carico del nostro progetto con un possibile aiuto gratuito da parte del titolare dell'impresa e in un attimo il sorriso torna a guidare la nostra speranza.

Le giornate passano e nell'attesa di avere una buona notizia da Cesare elaboro una nuova idea, installare delle telecamere con audio bidirezionali in tutte le stanze della casa.

Uno strumento con diverse utilità, la principale consiste nell'interagire con Leo, cioè creare un dialogo interattivo ovvero ad ogni richiesta inviata si cerca di ottenere un'azione.

La seconda utilità è la possibilità di monitorare la realtà della vita quotidiana di Leo, con il vantaggio che le telecamere possono essere controllate a distanza da tablet e smartphone.

Infatti lo scopo ultimo di questo progetto è la possibilità che la casa futura di Leo possa essere collegata ad una Centrale Operativa attiva 24 ore su 24 che garantisce interventi immediati in caso di necessità.

Riesco ad eseguire velocemente sia l'installazione ed anche la configurazione delle telecamere e nel collocarle cerco un'installazione discreta, ad esempio nella camera da letto, dove Leo utilizza il computer, dove trascorre il tempo del relax, le installo sulla scrivania dietro il suo oggetto preferito, la slitta di Babbo Natale.

Con la solita attenzione cerco un'installazione discreta della telecamera nella sala, la posiziono sul ripiano della cassettiera dietro un'installazione artistica in ceramica, che rimane a fianco della porta d'ingresso del bagno e da quella posizione angolare si ha una visione perfetta di tutta la sala compresa la porta d'ingresso della casa.

Prima di cominciare la sperimentazione, come da routine, prepariamo la documentazione tecnica con schede e check list per un riscontro di eventuali successi o fallimenti dell'attività svolta.

La prima richiesta consiste nel comunicare a Leo tramite il microfono della telecamera, di prepararsi all'uscita pomeridiana con Mariano, chiaramente Leo ha i suoi tempi per prepararsi, quindi calcoliamo come spazio temporale un quindici minuti tra l'invio del messaggio e l'uscita dalla porta di casa.

La praticità delle telecamere è che Mariano può vedere tutti gli spostamenti all'interno della casa in tempo reale verificando il successo o l'insuccesso della richiesta.

Il venerdì pomeriggio si comincia intorno alle quattordici e quarantacinque; la voce di Mariano esce dal microfono della telecamera posizionata in camera da letto di Leo, dietro la slitta di Babbo Natale: "Leonardo sono Mariano. Preparati, sto arrivando".

Leonardo, nel frattempo, posizionato di fronte alla scrivania, salta sulla palla che gli fa da sedia ed è intento a guardare il video del cartone animato della Walt Disney. Appena ricevuto il messaggio Leo china il capo a sinistra e con il bordo del collo della maglietta si copre l'orecchio sinistro.

Leo rallenta leggermente il ritmo sulla palla e dice due parole, ma non si ferma, Mariano verifica dall'applicazione del telefono che Leo non si sta preparando, e rilancia il messaggio: "Leonardo sono Mariano. Preparati, sto arrivando".

Leo al secondo messaggio vocale si alza dalla palla, poi spegne il video e si va a preparare, un successo per noi, una nuova autonomia aggiunta ai tanti traguardi raggiunti da Leo!

Con la procedura analoga Leo è riuscito a portare a termine altre richieste, come preparare la tavola per il pranzo e la cena, uscire di casa e presentarsi in giardino per la merenda del pomeriggio, ecc.

Sicuramente è un'abilità acquisita da Leo e può fare la differenza. Un esempio: quando il sistema gli propone di eseguire un'attività come apparecchiare o sparecchiare la tavola o lavarsi i denti, se l'indicazione non viene eseguita con successo, si può monitorare Leo e riproporre comunicando con il microfono della telecamera cercando di stimolarlo a concludere l'attività.

Terminato l'esperimento delle telecamere si riprende la routine giornaliera, io torno al lavoro, Leo continua le sue attività ludico educative seguito dalla mamma.

I nostri incontri, tra me e Mariano, sono frequenti, e a volte sembra che sia nata un'empatia immediata. Ci riconosciamo istintivamente nei processi e nelle emozioni dell'altro. Tuttavia, dall'ultimo incontro con Cesare sono passati più di trenta giorni. Quando io e Mariano ci incontriamo, i nostri discorsi spesso si concludono con la speranza di ricevere presto una risposta da parte di Cesare e con la curiosità su come potrà aiutarci nel contesto del sistema domotico.

Un giorno mentre ero al lavoro ricevo la chiamata da Cesare, un fulmine a ciel sereno!

Dopo i saluti di rito: "Ciao Gianfranco, come stai? Spero che tutto proceda bene da te. Volevo parlarvi del lavoro che abbiamo svolto in tutto questo tempo sul progetto di tuo figlio".

Io rispondo incuriosito: "Ciao Cesare, tutto bene da questa parte, grazie. Mi sembri davvero entusiasta. Dimmi di più".

Cesare continua: "Mi piacerebbe molto mostrarvelo di persona, e penso che potreste darmi dei preziosi consigli su come renderlo ancora migliore; sai che questo progetto mi sta molto a cuore".

Io rispondo: "Sarà un piacere venire a Piacenza per vedere il sistema e completare il progetto".

E lui: "Quando possiamo organizzare questo incontro?"

Io: "Noi possiamo organizzare la visita nei prossimi giorni. Sarà un passo importante verso la realizzazione di questo progetto e verso il benessere di mio figlio".

Cesare risponde: "Il mercoledì della prossima settimana".

Rispondo io: "Vada per mercoledì, apprezzo davvero la tua disponibilità".

Appena terminata la telefonata chiamo immediatamente Mariano per comunicargli la nuova notizia tanto attesa.

Il mercoledì mattina partiamo presto con destinazione Piacenza. Nonostante un tratto di strada si arrampichi sull'Appennino e sia piena di cantieri, il morale è alto e le aspettative di questo incontro sono positive.

Dopo un paio di ore si arriva a destinazione.

Si arriva nel piazzale dell'azienda, ad aspettarci fuori dalla porta d'ingresso c'è Cesare ed un ragazzo al suo fianco.

Dopo i saluti e la presentazione del collaboratore di Cesare di nome Mirko, entriamo da una porta situata sul lato sinistro dell'azienda, ci troviamo all'interno in un grande edificio monoplanare, dove sul lato destro corrono tutti gli uffici. Il restante spazio è così composto: sul lato sinistro è occupato da postazioni di lavoro, al centro c'è lo spazio visibile per il passaggio del personale e sul lato destro ci sono in assemblaggio quadri elettrici industriali. L'ambiente ha designazioni chiare e visibili.

Entriamo in ufficio, Cesare ci offre il caffè e subito dopo ci illustra il progetto: "Dunque," dice, "abbiamo pensato a due soluzioni: la prima è un sistema industriale da noi utilizzato mentre la seconda soluzione è composta da componenti acquistabili nei circuiti commerciali".

Prende la parola Mirko e si presenta: "Sono ingegnere e in azienda mi occupo dei sistemi di programmazione industriale di robot antropomorfi". Poi spiega le due soluzioni.

Appena terminato Mirko si sposta sull'unica scrivania di grandi dimensioni presente nell'ufficio, dove sopra al piano ci sono due componenti elettronici e un PC, collegati tra loro.

Cesare con il sorriso e l'accento piacentino, ci chiede di portarci sulla scrivania allestita per l'occasione e appena siamo tutti intorno alla scrivania, prende la parola Mirko:

"Bene vi mostro le due soluzioni. Il primo impianto è frutto della mia programmazione". Mirko, col dito scorre il programma sul touch screen, poi spiega:

"Le icone sono le attività che svolge Leonardo nell'arco della giornata".

Interrompe Mariano:

"Non si possono avere le immagini all'interno delle icone".

Riprende Mirko:

"No, ma posso predisporre una pagina con le immagini delle attività svolte da Leo in casa". Prosegue Mirko: "Oltre alle icone ci sono delle caselle, nello schermo del touch; queste rappresentano i sensori che controllano le operazioni di Leo".

Rispondo io:

"Quanti sensori può supportare il sistema, per Leo ce ne vogliono una trentina, parlo anche di telecamere".

Mi interrompe Mirko:

"Vi ho mostrato questo sistema per farvi capire il limite dei sistemi legati ad un PLC industriale". E spiega:

"Un Controllore Logico Programmabile, o PLC, è un computer rinforzato utilizzato per l'automazione industriale. Questi controller possono automatizzare un processo specifico, una funzione della macchina o persino un'intera linea di produzione".

Rispondo io:

"Con Cesare abbiamo immaginato che il PLC potesse essere una macchina da poter utilizzare per gestire la casa di Leo, ma non è così".

Risponde Mirko:

"Però ho la seconda soluzione, un programma open source, una piattaforma domotica che permette di aggiungere e gestire tutti i dispositivi domestici intelligenti della casa".

Mirko parte con la presentazione, dopo aver elencato le potenzialità ci propone di gestire due apparecchi WiFi con il suo tablet.

Spiega Mirko:

"I due apparecchi rappresentano i sensori posizionati nella casa, al loro variare si avvia un video che darà le istruzioni a Leo o una funzione a noi utile".

Durante la mattina Mirko esegue altre prove, noi rimaniamo colpiti dalla versatilità del programma, il nostro incontro con Cesare e Mirko si conclude carico di fiducia nella riuscita del progetto.

Io chiedo a Cesare e Mirko: "Per verificarne l'efficacia, la funzionalità, possiamo testare questo sistema in campo cioè a casa di Leo?"

Risponde Mirko:

"Per prima cosa dovete installare tutti i sensori WiFi, sul letto, sulla tavola, ecc., poi recuperare un tablet e un mini PC".

Risponde Mariano: "Ma verrai tu a programmare il tutto e ad eseguire le prove?"

Risponde Mirko: "Volentieri!"

Rispondo io:

"Ti posso ospitare anzi, ho un'idea, vi posso ospitare puoi portare tua moglie e la bambina per un weekend, vedrai che troveremo anche del tempo a disposizione e poi possiamo andare tutti al mare".

Proseguo: "Appena siamo pronti ti avviso con un certo anticipo".

La nostra gita a Piacenza si conclude come era cominciata, fuori dall'azienda, con Cesare posizionato di fronte alla porta d'ingresso e al suo fianco un ragazzo alto, geniale di nome "Mirko".

Torniamo alla nostra vita in Liguria, nelle due settimane successive recupero i materiali tecnici e li installo.

Terminata l'installazione, mi incontro con Mariano per accordarci sulle attività da svolgere durante le prove a casa.

Ci incontriamo a casa sul grande tavolo in giardino, quel luogo ormai fa parte della nostra routine. Forse le idee nascono lì, perché un angolo che non ha confini, il tavolo domina su tutto ciò che è intorno.

Stando seduti al tavolo e alzando lo sguardo si aprono in basso i campi e subito dopo nasce un muro di alberi e in profondità ci sono le colline tonde e montagne verdi.

Parte la nostra discussione ed è piena di buoni propositi, predisponiamo la documentazione per la raccolta dati, e poi descrivo a Mariano i componenti installati nelle stanze, le nuove modifiche apportate ai sensori installati sotto il letto e nel divano.

Confesso: "Sai Mariano per la costruzione dei sensori installati sotto il letto, mi sono improvvisato saldatore. Ho passato diverso tempo ad allenarmi a saldare dei pezzi di ferro che ho trovato negli scarti di lavorazioni".

Poi proseguo e gli descrivo: "Per i sensori di presenza ho fatto il falegname costruendo più supporti in legno provvisori, taluni ancorati su un mobile oppure sospesi dietro la TV pensile, per i collegamenti elettrici è stato più semplice".

Chiedo a Mariano di fare un sopralluogo per verificare l'impianto, partiamo dal giardino e attraversiamo il piazzale dove sono parcheggiate le auto, subito dopo si arriva alla base della casa dove si salgono una decina di gradini e si entra.

Varca per primo la porta d'ingresso Mariano, quando è all'interno della sala vede dei piccoli bagliori blu, il loro flash corrisponde in modo sincrono ad ogni nostro movimento. Gli spiego che è il sensore posto dietro la TV, lui rivela la nostra presenza costantemente.

Sempre dal lato della TV ad altezza occhi c'è il monitor touch, è il mezzo che guida e invia le attività a Leo, più avanti sul lato destro della stanza c'è il divano sul quale, ho installato i sensori costruiti artigianalmente per monitorare Leo lungo le 24 ore tramite la sua seduta.

Entriamo in cucina e si ripetono dei piccoli bagliori blu, al centro è presente il tavolo da pranzo; faccio notare a Mariano le piccolissime luci a led posizionate alle estremità e spiego il loro funzionamento, servono a rilevare la presenza di piatti e bicchieri e tutto quello che viene posizionato sul piano.

Si prosegue sempre nella cucina con la sedia accostata sotto il tavolo, anche lei rileva con un sistema analogo quando Leo è seduto a tavola, giriamo intorno al tavolo e ci troviamo di fronte al frigorifero, dove mostro a Mariano il sensore dell'apertura porta posizionato in alto a sinistra.

Passiamo in camera da letto di Leo, sul lato destro dell'ingresso c'è il cuore del sistema, il piccolo PC posizionato su una mensola provvisoria, subito sopra, sospeso, si trova il monitor nel quale vi sono visualizzati tutti i sensori.

Alcuni di colore giallo ovvero attivi sono impegnati dalla nostra presenza, gli altri sono grigi, in standby. Ci troviamo di fronte al monitor, prendo il mouse ed entro nel programma. Illustro a Mariano le pagine fino ad arrivare al calendario mensile, nel quale sono riportate tutte le attività installate.

Terminato il tour sul programma, proseguiamo il percorso, sul lato sinistro della stanza c'è il letto, chiaramente anche lui modificato; spiego a Mariano il funzionamento.

Gli faccio notare che il letto è sospeso su delle molle di carico e, posizionati nella stretta vicinanza, sono stati installati i sensori industriali di prossimità.

Mariano con voce gioiosa chiede: "Mi posso sedere sul letto?"
Rispondo io: "Prova, prova".

Allora Mariano si siede sul letto e immediatamente nel monitor si illuminano i sensori del letto. Aggiungo: "È indiscutibile che Leo è presente nel letto, non c'è errore".

Soddisfatti del tour prepariamo il programma per la sveglia del giorno dopo, il video si attiva alle otto; dopodiché quando Leo scende dal letto si spegne automaticamente, passando al controllo della colazione.

Installo la telecamera in camera di Leo per le riprese del giorno seguente, ci lasciamo soddisfatti e con la raccomandazione che lo avrei aggiornato immediatamente della prova.

La mattina seguente, puntualmente alle otto si avvia il programma e riecheggia nella camera di Leo la voce della mamma che dice:

"Amore, è ora di alzarti; svegliati!"

Leonardo si muove sotto la coperta mette la testa sotto i cuscini ma dopo due minuti la voce della mamma ripete:

"Amore, è ora di alzarti; svegliati!"

Io mi sono posizionato in un angolo della stanza e riprendo tutto, Leo tira su la testa da sotto il cuscino e mi guarda tutto assonnato, avrà pensato sentendo la voce della mamma di trovarla nella sua stanza.

Leo si guarda in giro, poi poco dopo riparte il video.

"Amore, è ora di alzarti; svegliati!"

Leo si tira su dal letto e scende poi si infila le ciabatte e esce dalla sua stanza ancora assonnato. Con un passo deciso si va a sdraiare sul divano in sala; invece il sistema non invia più nessun messaggio di sveglia, ma comincia a rilevare Leo sul divano e comincia a contare per comunicargli che deve fare la colazione.

Il sistema da noi pensato funziona, Mirko quando ci ha consegnato il PC, ha installato un piccolo pezzo di programma per testare il principio di funzionamento, nei giorni seguenti ripetiamo la sveglia.

Così Leo tutte le mattine si sveglia con la voce della mamma, è come se lei fosse lì, presente al suo fianco vicina al letto, in realtà dopo essersi alzato dal suo letto si sdraia sul divano; quando è sotto la coperta cerca la mamma con lo sguardo nelle stanze.

Comunico l'esito della sveglia a Mariano e Mirko, giornalmente con messaggio.

"Stamani tutto Ok!"

Visto il buon esito dell'esperimento faccio un giro di telefonate, consulto Mariano e Mirko, e decidiamo di dare seguito al progetto, chiedo a Mirko quando può venire a casa nostra a Sarzana.

Organizziamo per il weekend successivo. Il sabato verso l'ora di pranzo arriva Mirko con la sua famiglia, ci troviamo tutti intorno al grande tavolo in giardino apparecchiato.

Non appena tutti sono seduti, portiamo la pasta, trofie al pesto, di seguito le torte di verdure. Il pranzo scorre veloce.

Saliamo nella camera di Leo, ci posizioniamo di fronte al PC, Mirko comincia a collegare tutti i suoi strumenti, avvia il suo PC e in un attimo scorre il programma in modo sincrono nei due monitor, si rivolge a me: "Installiamo fino a quando finisce la colazione e va in bagno?"

Rispondo: "Sì, perché non abbiamo i sensori installati per proseguire".

Nel frattempo viene Leo in camera a controllare cosa combiniamo, controlla la nostra invasione di campo, sul letto c'è il PC di Mirko con i cavi che collegano e arrivano al PC posizionato sulla mensola provvisoria installata sulla spalliera in legno al lato del letto.

Sotto la spalliera c'è Mirko seduto sulla sedia che guarda Leo.

"Ciao, Leo" saluta Mirko e continua con accento piacentino: "Sto programmando il sistema che ti aiuta nella giornata". Prosegue Mirko: "È un sistema che si basa sulla raccolta di informazioni, ed elabora delle risposte e interagisce con l'ambiente, è come il cervello che dialoga con i sensori posizionati in casa".

Leo ascolta e nel mentre indossa il suo pigiama.

Intervengo io:

"Leo, appena terminato ti lasciamo la tua camera libera".

Leo riguarda il PC e dice: "Computer" e poi si allontana dalla camera.

Prima della cena terminiamo l'installazione e le prove, siamo un po' stanchi. Intanto nella cucina si sente Leo che apparecchia, aiutato dalla Mariella e dalla moglie di Mirko, Michela, con un grande pancione in attesa di Alessandro e la bimba "Matilde".

Finita la cena usciamo tutti in passeggiata al mare. Nonostante il periodo estivo il tempo non è dei migliori, sul far della sera comincia la pioggia, si rientra un po' infreddoliti.

La mattina "SINAPSI" sveglia Leo: è il nome con cui abbiamo chiamato il nuovo sistema automatico che gestirà Leo nelle attività quotidiane.

È mattina sono le otto e "SINAPSI" sveglia Leonardo.

"Amore, è ora di alzarti; svegliati!"

Leonardo si muove sotto la coperta, mette la testa sotto i cuscini ma dopo due minuti "SINAPSI" ripete con la voce della mamma:

"Amore, è ora di alzarti; svegliati!", con una grande fatica si alza e va a sdraiarsi sul divano e si rimette sotto la coperta. È una routine che si ripete all'infinito tutte le mattine; per Leonardo sdraiarsi e coprirsi con la coperta ha un'importante funzione di rassicurazione. Poi passati cinque minuti, durante i quali Leo si era avvolto, rintanato sotto la coperta, SINAPSI gli comunica:

"Leo devi fare colazione".

Allora Leo si gira e si alza lentamente, cercando le ciabatte ed entra in bagno. Si sente qualche rumore e, dopo qualche istante, è fuori.

Trascorso il bellissimo weekend al termine della prova, rimaniamo d'accordo con Mirko e Mariano di proseguire con il progetto per donare a Leonardo, affetto da autismo grave, una possibilità di vita quasi autonoma; perciò ci siamo impegnati nella ricerca di soggetti che possano apportare il loro contributo alla realizzazione di "SINAPSI", questo progetto di comunità.

12 VIAGGIO CON L'AUTISMO

Un viaggio con l'autismo, riflessioni nel cuore della famiglia, interviste e conversazioni.

Nonna Enrica, scrive:

Si presentarono alla porta di casa un sabato mattina, Gianfranco, Mariella e Leonardo.

Entrarono; è lì che incontrai per la prima volta mio nipote Leonardo, quando compì nove anni, dopo un lungo periodo di vuoto con mia figlia.

Leonardo inizialmente era restio ad entrare in casa. Posizionato sull'uscio della porta d'ingresso, osservava le stanze in profondità con lo sguardo, scrutava con sospetto tutto quello che oltrepassava.

Leonardo nella sua esplorazione, passando da una stanza all'altra, chiudeva sistematicamente ogni porta che oltrepassava, non riusciva a stare seduto sul divano, toccava ogni oggetto che fosse alla sua altezza, a quelle poche e semplici richieste fatte non dava nessuna risposta.

Sul finire della giornata quando mia figlia, Gianfranco e Leonardo andarono via, all'ora di cena, ci trovammo a tavola con mio Marito.

Riflettendo sull'incontro avvenuto rimanemmo contenti per il ritrovato dialogo con mia figlia, ma scioccati dal comportamento di Leonardo, per noi incomprensibile.

Ci chiedemmo che cosa fosse l'autismo.

Decidemmo di comune accordo di incontrarci tra quindici giorni, il tempo più breve possibile purtroppo; abitando così lontano i tempi si allungano, comunque passarono velocemente.

A pranzo Leonardo si sedette a fianco a Ulderico, mio Marito, nel piatto volle solo una pannocchia e un hamburger, non mangiava altro. Finito in pochi istanti il pranzo, si alzò e riprese ad esplorare le stanze come in un moto perpetuo.

Il tempo passava e i nostri incontri si intensificarono. Cominciai ad informarmi su cosa fosse l'autismo. Oltre a leggere vidi delle serie TV, vidi anche dei rotocalchi con spiegazioni fatte da genitori, mi informai costantemente, e cominciai ad avere le idee più chiare sui comportamenti di Leonardo.

Per me un mondo nuovo da scoprire, ogni volta che ci incontravamo il nostro rapporto si costruiva di piccoli passi, a tavola cominciai a essere più esigente, ottenni lo stare seduto e composto, ad aspettare che la tavola fosse sparecchiata prima di portare il dolce.

Sono riuscita nel tempo a conquistare la sua fiducia, tanto che adesso sta con me da solo a casa, mi dimostra affetto con baci ed è molto dolce e delicato, è uno scambio reciproco.

So che Leonardo è molto goloso di torte, così, nel tempo, mi sono specializzata nel creare una raccolta di torte golose con creme, forme, colori, variopinte, ed ogni volta riesco sempre ad accontentarlo.

Purtroppo la distanza tra la mia abitazione, Bonate Sopra in provincia di Bergamo, e l'abitazione di Leo a Sarzana, in provincia della Spezia, è molta! Nonostante questo vasto spazio, lo sento al telefono tutti i giorni, ha imparato a chiamarmi nonna Enrica e salutarmi.

Ad ogni incontro Leonardo fa passi da gigante, ad oggi è un ragazzo con tante qualità, grazie al lavoro costante di tutte le figure che gli ruotano intorno, in particolar modo dei genitori.

In casa si muove con sicurezza, la sua postazione di gioco è la sala, dove, appena arriva dal lungo viaggio, installa sul tavolo il tablet, si muove deciso in bagno e nelle varie stanze, ad ogni sua esigenza e nel contesto giusto comunica con frasi brevi ma efficaci.

È nata una forte empatia tra di noi. Dopo i giorni trascorsi in vacanza, al momento della partenza per casa, riordina in modo esemplare lo spazio che ha usato, piccoli grandi passi. Ricordo lo sguardo impaurito e sfuggente del nostro primo incontro.

Posso dire di essere orgogliosa di mia figlia e mio genero e di Leonardo.

Zio Marco, scrive:

Guardando nei ricordi ho tracce di scene e immagini significative di Leonardo, come quando lo tenni in braccio per la prima volta al suo battesimo. Da quel momento il tempo è passato veloce.

Nonostante la distanza che ci divide, noi due abbiamo avuto una sorta di empatia, appena si allineano i nostri sguardi, sappiamo cosa vuole l'uno e l'altro istantaneamente.

Ricordo un evento spiacevole, che accadde al nostro ritorno da Bergamo, dopo una breve assenza da casa di Leo a Sarzana. Entrando in casa ci accorgemmo che i ladri avevano visitato la casa.

Nonostante Leo non avesse una grande varietà di parole, in quell'istante si incrociarono i nostri sguardi e con parole precise guardandomi disse: "Non è giusto!", da tempo io ero lì, a Sarzana, a casa sua ad eseguire la ristrutturazione dell'immobile.

Durante quella mia lunga permanenza, mentre eseguivo lavori edili, Leonardo spesso si posizionava al mio fianco e imitava i miei gesti, come rompere le mattonelle con il martello, utilizzare la sega per tagliare delle tavolette.

Molte volte abbiamo dormito insieme, nel solito letto. In quelle notti ho patito un po' di freddo, perché Leonardo ha l'abitudine di avvolgere la coperta intorno al suo corpo simile ad un bozzolo di farfalla.

Essendo tutti e due golosi, ci capitava di andare a mangiare al McDonald's, chiaramente si mangiavano patatine fritte e un paio di panini super farciti con coca cola. Ho l'immagine di noi due, con la bocca piena di bontà e un gran sorriso sui nostri volti.

Una delle prime volte che pranzammo a tavola insieme a casa sua a Sarzana, ricordo Leonardo che, appena terminata la sua porzione di patatine fritte nel suo piatto, cominciava a ronzare intorno ai nostri piatti con lo sguardo attento.

Appena il papà o la mamma si alzavano da tavola per prendere, per esempio, l'olio, Leo furtivamente rubava le patatine nei loro piatti con gesti fulminei.

Chiaramente nessuno dei genitori si accorse mai di questi furti, solo i golosi come lo Zio Marco e Leonardo sanno apprezzare questi momenti.

Zio Giancarlo e zia Cristina, scrivono:

Ogni volta che gli zii incontrano Leo, lo salutano, lui contraccambia con affetto, con gioia e sorride: ha piacere di vederci e questo ci rende felici.

Siamo andati in vacanza nel periodo di Natale in montagna insieme a Leo, abitando nel solito appartamento, anche se solo per un breve periodo abbiamo sentito vivo il suo affetto verso di noi zii.

Inizialmente Leo era un po' timido e schivo, poi, col passare dei giorni, si è avvicinato da solo e ad ogni uscita ci voleva con sé. Appena cominciava la vestizione invernale per uscire sulla neve, ci imitava e con qualche mio aiuto si preparava velocemente.

Nonostante la sua ipersensibilità al contatto con vestiti sintetici, era sempre pronto per l'uscita, spesso passeggiava con Giancarlo, imitandolo.

Abbiamo notato che, se lo stimolavano, rispondeva positivamente. Questo breve periodo è stato per noi una crescita, ed è stato molto bello per l'affetto che ci ha donato. Abbiamo conosciuto da vicino il suo mondo e le sue esigenze, che non sono state un impedimento per il trascorrere della vacanza.

Leo è attento ai piccoli particolari, è intelligente, risponde bene alle richieste anche sotto forma di giochi, spesso gli pongo la domanda, chi è il più alto tra noi due?

Allora ci avviciniamo spalla a spalla e, cercando di misurarci, Leo tende sempre ad allungarsi col corpo verso l'alto, per dimostrare che è lui il più alto! Si conclude con un abbraccio.

Alcune volte siamo andati a passeggiare assieme e come gioco facciamo degli scatti contando fino a tre e poi si parte, Leo cerca sempre di primeggiare nella corsa passando in testa, vuole essere sempre il vincitore.

Nel tempo si è creato una fiducia reciproca. Ogni volta che ci vede è molto contento, lo dimostrano i suoi momenti di gioia che condivide e spesso accetta il solletico.

In tutti questi anni Leo è cresciuto, non solo in statura, adesso misura quasi un metro e novanta. Le qualità sono molte, ha un buon carattere socievole, segue i dialoghi che gli vengono proposti, ti risponde. Questi progressi sono da imputare al lavoro svolto dai genitori e da tutti coloro che hanno lavorato con Leo.

Mione, scrive:

Nel lontano 2010 ho avuto occasione di incontrare Leo, bimbo autistico, assieme ai suoi genitori, Leo correva da una stanza all'altra, rideva, canticchiava ma scarsamente recepiva ciò che i genitori con molta dolcezza gli comunicavano.

Durante l'incontro i genitori ci chiedevano se avevamo degli spazi a Sarzana per creare un laboratorio, dove si potesse giocare anche con altri bambini, grazie alla costante presenza dei genitori e degli operatori.

Purtroppo al momento non avevamo gli spazi richiesti, cosa che è successivamente avvenuta. Dopo tutti gli anni trascorsi abbiamo un laboratorio a disposizione di più persone e la presenza anche di figure professionali, che con molto impegno utilizzano il metodo ABA.

Leo attualmente è più collaborativo, partecipando a molte iniziative che si svolgono nel laboratorio con una buona integrazione.

Paolo , scrive:

Il mio amico LEO

Per prima cosa Leonardo è il mio figlioccio ed io il suo padrino di Cresima. Alla cerimonia, che si svolse a Sarzana, parteciparono tutti i suoi compagni di classe, oltre, naturalmente, ai suoi genitori, alla Zia stilista proveniente dalla Bergamasca, alle autorità ecclesiastiche, Vescovo in testa con Monsignore al seguito (il mio amico e compagno di banco a Ragioneria, Don Gianluca Galantini).

Tutti erano felici, le ragazzine in particolare; certo una figura alta e slanciata come quella di Leonardo, con il suo metro e novanta di altezza, non passa indifferente allo sguardo femminile!

Il Covid, con le limitazioni che ne sono seguite, ha di certo avuto un impatto negativo sulle persone e su Leonardo in particolare, a cui sono venute a mancare, oltre alle tante attività quotidiane interattive, molte relazioni interpersonali per lui importanti. A fronte di questo, Leonardo ha mantenuto la sua indole giocosa e la sua sensibilità alle problematiche altrui. Io ne sono un esempio, dal momento che, in un periodo per me difficile dovuto alla perdita della mamma, ho trovato in Leonardo e nei suoi genitori, Gianfranco e Mariella, un appoggio forte, l'affetto di una famiglia.

Sì, perché il Leo è attento alle persone e all'ambiente che lo circonda, ed è parte attiva nelle discussioni, anche se sembra indaffarato in altro; con un cenno o una semplice parola sa comunicare il suo stato d'animo ed esprimere un parere riguardo una certa situazione, venendo sempre in tuo aiuto.

Ho sempre interagito con Leonardo fin da quando era bambino; un ricordo lontano risale ad una gita fatta nell'Appennino tosco-emiliano con destinazione il lago Verde Parmense. Allora il Leo si muoveva lentamente e dopo molteplici interruzioni. Arrivati alla meta, tra lo splendore delle montagne circostanti, il Leo pensò bene di iniziare a lanciare i sassi nel lago: quale altro gioco sarebbe stato più divertente in simili circostanze?

C'è stata poi, sempre in ambito montano ed a distanza di alcuni anni, la settimana di Natale trascorsa a Livigno; faceva un gran freddo, a conferma della reputazione data a quella località e ci trovammo, in un tardo pomeriggio, seduti in una panchina sotto la neve ad osservare il cielo plumbeo, tutti e due imbacuccati, lui con l'inseparabile sciarpa, i guantoni di lana ed il colbacco con i lunghi paraorecchie stile funzionario russo!

Questi piacevoli ricordi mi fanno pensare alla crescita costante che ha avuto il Leo nel tempo, grazie all'impegno che hanno profuso i suoi genitori, sempre alla ricerca di nuove metodologie didattiche assieme ai vari educatori che si sono susseguiti nel corso degli anni, cito tra tutti Cristiano e Mariano, suo attuale compagno di avventure. E che dire di Don Franco, indomito nell'essere vicino alle persone bisognose con la missione umanitaria da lui presieduta...

La prossima sfida sarà quella tecnologica, con il nuovo sistema di domotica casalinga a cui sta lavorando papà Gianfranco assieme agli specialisti informatici del settore, ma non c'è dubbio che, grazie al contributo di tutti, altre barriere ed ostacoli verranno abbattuti nel compimento di questo fantastico percorso che ci lega alla vita di Leonardo.

GUIDA TECNICA

PREFAZIONE

"Essere autistici non significa non essere umani, ma essere diversi. Quello che è normale per altre persone non è normale per me e quello che ritengo normale non lo è per gli altri. In un certo senso sono mal "equipaggiato" per sopravvivere in questo mondo, come un extraterrestre che si sia perso senza un manuale per sapere come orientarsi. Ma la mia personalità è rimasta intatta. La mia individualità non è danneggiata. Ritrovo un grande valore e significato nella vita e non ho desiderio di essere guarito da me stesso. Concedetemi la dignità di ritrovare me stesso nei modi che desidero; riconoscete che siamo diversi l'uno dall'altro, che il mio modo di essere non è soltanto una versione guasta del vostro. Interrogatevi sulle vostre convinzioni, definite le vostre posizioni. Lavorate con me per costruire ponti tra noi".

(Jim Sinclair, 1998)

CAPITOLO I

DISTURBO DELLO SPETTRO AUTISTICO

I CRITERI DIAGNOSTICI

Il Disturbo dello Spettro Autistico è un disturbo del neurosviluppo, tuttavia il termine "disturbo" potrebbe essere sostituito dal termine "condizione" poiché è un insieme di caratteristiche, un modo di essere e di stare al mondo diverso, una forma di neurodiversità. La diagnosi è basata sui criteri, ovvero sintomi e comportamenti osservabili, definiti, in modo ateorico, dal Manuale Diagnostico e Statistico dei Disturbi Mentali (DSM 5) rilasciato dall'American Psychiatric Association (APA) nel 2013. A differenza della precedente versione del DSM (DSM-IV) nella quale erano presenti le differenti diagnosi di Disturbo Autistico, Sindrome di Asperger, Disturbo pervasivo dello sviluppo non altrimenti specificato e disturbo disintegrativo dell'infanzia, il DSM 5 racchiude tutte queste diagnosi all'interno di un'unica etichetta diagnostica di Disturbo dello Spettro Autistico. La scelta di utilizzare un'unica etichetta "ombrello" deriva dalla rilevazione di un nucleo sintomatologico comune alla base di tutti i disturbi che sono quindi manifestazioni eterogenee della stessa condizione. I principali criteri diagnostici sono:

A. Deficit persistenti della comunicazione sociale e dell'interazione sociale (deficit della reciprocità socio-emotiva; deficit dei comportamenti comunicativi non verbali utilizzati per l'interazione sociale; deficit dello sviluppo, della gestione e della comprensione delle relazioni) in molteplici contesti.

B. Pattern di comportamento, interessi o attività ristretti, ripetitivi (movimenti, uso degli oggetti o eloquio stereotipati o ripetitivi; insistenza nell'immodificabilità, aderenza alla routine priva di flessibilità o rituali di comportamento verbale o non verbale; interessi molto limitati, fissi che sono anomali per intensità o profondità; iper o ipo-reattività in risposta a stimoli sensoriali o interessi insoliti verso aspetti sensoriali dell'ambiente).

I$_{II}$ DEFINIZIONE

Eugen Bleuer è uno psichiatra svizzero, noto per il suo contributo fondamentale alla psicopatologia. Introdusse il termine "schizofrenia" (mente divisa) sostituendo quello di Dememtia Praecox di Kraepelin. Bleuer osservò alcuni bambini con modalità comportamentali tipiche della schizofrenia come la perdita di controllo della realtà e la polarizzazione dell'attività mentale sul mondo interiore. Questi bambini tendevano a isolarsi, avevano difficoltà comunicative e interessi ristretti. In seguito alle sue osservazioni, nel 1911 Bleuer coniò il termine "autismo" dal greco "autos" (io stesso). Successivamente, uno psichiatra austriaco, Leo Kanner (1943) fece delle importanti riflessioni su bambini caratterizzati da isolamento sociale, stereotipie, interessi particolari, difficoltà a tollerare i cambiamenti, grazie alle quali introdusse l'autismo infantile precoce e lo definì un disturbo comportamentale grave. In seguito, Bruno Battelheim (1967) nella sua opera "La fortezza vuota", paragona i bambini autistici a delle fortezze vuote e descrive le loro madri come "madri frigorifero". Battelheim fa risalire l'eziologia dell'autismo al rapporto inadeguato tra madre e figlio e propone interventi riabilitativi che prevedevano la separazione dal nucleo famigliare. Oggi tale teoria è stata ampiamente confutata. Intorno al 1980 l'approccio cognitivista ha contribuito a dare nuove chiavi di lettura all'autismo. In particolare, grazie alla teoria della mente (Baron-Cohe, 1995) è stato possibile analizzare l'incapacità di avere competenze adeguate per interagire con le menti e le esperienze altrui. Infatti la teoria della mente è la capacità di attribuire stati mentali, credenze, intenzioni, desideri, emozioni, conoscenze a sé stessi e agli altri, e la capacità di comprendere che gli altri hanno stati mentali diversi dai propri.

Negli anni successivi si inizia a parlare di un ampio spettro di disordini, simili per qualità ma mitigati in vari aspetti e presenti in persone con sviluppo intellettivo nella norma, per questo non si parla più di autismo ma di disturbi dello spettro autistico, ossia di patologie con caratteri in parte simili ma differenti dal punto di vista dell'eziologia. La diagnosi di autismo è basata sulla descrizione e l'osservazione del comportamento, Zennaro A. (2011).

Da un punto di vista eziologico, ad oggi, la causa dell'autismo non è stata ancora individuata con certezza ma è condivisa l'idea che le basi del disturbo possano essere multifattoriali. Soltanto nel 10-15% circa dei casi il disturbo è associato a malattie di natura genetica note (e piuttosto rare): l'autismo si riscontra, ad esempio, in presenza della sindrome del cromosoma X fragile, della sclerosi tuberosa e della sindrome di Rett. Risultati di varie ricerche hanno evidenziato un ruolo centrale dei fattori genetici (Rutter, 2005). Una causa univoca nel determinare l'autismo non è ancora riscontrabile, forti evidenze scientifiche supportano l'azione sinergica di un substrato neurologico, una componente genetica e di vari fattori ambientali.

Piuttosto conosciuta è invece la sua evoluzione che vede l'autismo come una patologia che invalida l'intero corso della vita (Ballerini et al 2006), tuttavia tramite specifici interventi precoci nel corso del tempo diminuisce la gravità della sintomatologia.

L'autismo si caratterizza per gravi deficit e compromissione generalizzata di molteplici aree dello sviluppo fra cui quella di comunicare e interagire con gli altri con la presenza di comportamento stereotipato.

Sono 3 le categorie problematiche relative all'interazione sociale, alla comunicazione e alla presenza di modelli di comportamento e interessi restrittivi, ripetitivi e stereotipati (Bruna Mazzoncini, Lucilla Musatti, 2012):

1. Compromissione qualitativa dell'interazione sociale reciproca (sguardo, espressione mimica, gesti, posture, incapacità di relazionarsi e condividere stati d'animo ed emozioni).

2. Compromissione qualitativa della capacità di comunicazione verbale e non verbale (assenza, ritardo o sviluppo atipico ed eccentrico del linguaggio, patologia della comprensione, incapacità di iniziare o sostenere uno scambio).

3. Compromissione nelle attività simboliche e immaginative. Presenza di comportamenti e interessi ristretti, ripetitivi e stereotipati.

Per convenzione è possibile dividere in modo schematico le diverse manifestazioni dello spettro autistico in autismo ad alto funzionamento (soggetti capaci di comunicare verbalmente e dotati di un'intelligenza normale o addirittura superiore, tanto da avere a volte straordinarie abilità in molti campi) e autismo a basso funzionamento.

Nell'"autismo ad alto funzionamento" le modalità interattive e comunicative sono atipiche ma non assenti, lo sguardo con l'altro è condiviso saltuariamente, il linguaggio con sviluppo rallentato si manifesta attraverso frasi ecolaliche, mentre vi è un maggior investimento sugli aspetti linguistici più formali legati al significante a scapito di quelli legati al significato e all'uso pragmatico, apprendimento del codice scritto con modalità precoci e spontanee, a volte abilità particolari nel calcolo, nella memorizzazione di date e calendari, comportamenti sociali parzialmente interattivi, condotte imitative, discreta autonomia sociale.

Nell'"autismo a basso funzionamento con ritardo cognitivo di grado lieve", si evidenzia come nei soggetti ad alto funzionamento ma con tempi di apprendimenti scolastici più rallentati e traguardi più limitati, a volte sono presenti abilità particolari legate a interessi ristretti.

Nell'"autismo a basso funzionamento con ritardo cognitivo grave" è presente un marcato isolamento sociale, assenza di comprensione verbale e produzione verbale, accesso solo a funzioni pre-simboliche, per quanto riguarda le autonomie personali vengono appresi pattern primitivi e automatici.

Durante la crescita per ogni livello di funzionamento all'interno dei diversi profili dello spettro autistico sono previste possibili trasformazioni per quanto riguarda le acquisizioni, la sintomatologia e i comportamenti. I tempi e i modi dell'evoluzione sono direttamente correlati al grado di gravità della patologia e alla qualità delle risorse terapeutiche ed educative messe in gioco (Baron-Cohen S., 1995).

I$_{III}$ MODALITÀ DI INTERVENTO

Le linee guida della società italiana di neuropsichiatria infantile (SINPIA) prevedono come obiettivo a lungo termine negli interventi con i bambini autistici quello di favorire il miglior adattamento possibile del bambino al suo ambiente, per garantire una soddisfacente qualità di vita, sia al bambino che alla sua famiglia.

Gli interventi sono genericamente finalizzati a correggere i comportamenti disadattivi, a far emergere le competenze sociali, comunicativo-linguistiche, cognitive, che possano favorire il futuro adattamento del soggetto all'ambiente in cui vive, regolare il controllo degli impulsi, modulazione degli stati emotivi, migliorando l'immagine di sé.

I tipi di intervento riconosciuti come più efficaci sono molteplici.

Il metodo Floortime, letteralmente "tempo passato a terra, sul pavimento" (Wieder, Greenspan, 2003; Wieder, Greenspan, Kalmanson, 2008), attraverso attività ludiche, favorisce l'integrazione degli aspetti emotivi e cognitivi. Nel gioco vengono sperimentate interazioni ed emozioni fondamentali per lo sviluppo del senso di sé, dell'autostima, della creatività e delle funzioni cognitive. Il "Denver Model" è un intervento precoce, anch'esso centrato sul gioco e sull'interazione che mescola interventi comportamentali e interventi orientati sulla relazione. Il metodo "ABA" proposto da Lovaas parte da un modello di apprendimento di tipo skinneriano basato sul condizionamento operante per insegnare, usando rinforzi e punizioni, alcune abilità essenziali quali una comunicazione più adeguata e la regolazione delle emozioni; il programma propone un piano di insegnamento molto strutturato delle abilità deficitarie nell'autismo, obiettivo è plasmare e rinforzare i nuovi comportamenti e ridurre quelli non desiderati (McEachin, Smith, Lovaas, 1993), la base metodologica è il condizionamento operante e prevede il coinvolgimento dei genitori e di altre persone che vengono istruite all'uso delle tecniche di modificazione del comportamento. Come in tutti gli approcci comportamentali è essenziale identificare chiaramente i comportamenti bersaglio dell'intervento, sia quelli da estinguere, sia quelli che devono essere acquisiti.

Infine il "TEACCH", Treatment and Education of Autistic and Related Communication Handicapped Children, si attua attraverso numerose attività di tipo educativo, ha come obiettivo il favorire lo sviluppo delle abilità imitative, delle funzioni percettive, delle abilità motorie, della comprensione e produzione linguistica, migliorare la gestione del comportamento. È fondamentale che genitori e insegnanti collaborino all'intervento utilizzando le stesse strategie.

CAPITOLO II

APPLIED BEHAVIOR ANALYSIS E DOMOTICA

II₁ APPLIED BEHAVIOR ANALYSIS (ABA)

ABA dall'inglese Applied Behavior Analysis, è una scienza naturale che studia in maniera sistematica le relazioni funzionali tra organismo e ambiente. Si basa sull'analisi di comportamenti osservabili e misurabili. Si concentra su comportamenti significativi dal punto di vista sociale, che consentano un'effettiva crescita dell'individuo e la progressione verso quei comportamenti adattivi tipicamente esibiti dalle persone della stessa età e gruppo sociale di riferimento (Baer D. M., Wolf M. M., & Risley T. R. (1968)).

L'ABA è il ramo applicativo dell'Analisi del Comportamento. In altre parole, come riferito da Cooper, Heron, e Heward (1987; 2007 p. 3), l'ABA è "la scienza che applica al comportamento umano i principi identificati dall'Analisi del Comportamento, allo scopo di affrontare problemi socialmente rilevanti nel contesto della vita quotidiana".

Non è un metodo ma una scienza del comportamento umano, non è specifico per i soggetti con autismo ma è potenzialmente applicabile a tutti gli individui e a tutti i contesti di vita. Le aree in cui questo tipo di interventi sono maggiormente utilizzati sono l'educazione, il servizio sociale, l'assistenza, la psicologia clinica, la psichiatria, la psicologia di comunità, la medicina, la riabilitazione, gli affari, la gestione aziendale e lo sport (Martin & Pear, 2000).

La prima applicazione del metodo ABA in soggetti autistici risale al 1960 per opera di Lovaas, un professore di Psicologia presso l'Università di Los Angeles in California, che mise in atto interventi per diminuire gravi comportamenti problematici e stabilire un linguaggio comunicativo (Smith & Eikeseth, 2011). Da qui si aprì la strada a una grande quantità di ricerche che portò all'applicazione sistematica ed intensiva dei principi comportamentali di base e all'uso di tecniche e procedure che diedero vita ad un modello di intervento estremamente efficace su questa popolazione di soggetti, l'intervento comportamentale intensivo precoce (EIBI, Early Intensive Behavioural Intervention) (Eikeseth et al, 2002; Howard et al, 2005; Lovaas, 1973; Lovaas, 1987).

Nel 1987 Ivar O. Lovaas, ha pubblicato uno studio in cui ha dimostrato che la terapia basata sui principi dell'analisi del comportamento sperimentale ha portato a grandi miglioramenti nel livello di funzionamento e abilità dei bambini con autismo.

In Italia nelle linee guida dell'ISS (Istituto Superiore di Sanità) del 2011 su "Il trattamento dei disturbi dello spettro autistico nei bambini e negli adolescenti" viene infatti dedicato un ampio spazio all'ABA che viene indicato come modello di intervento efficace e consigliato.

Trent'anni di ricerca hanno dimostrato l'efficacia del metodo ABA nel ridurre comportamenti disfunzionali e nel migliorare e aumentare la comunicazione, l'apprendimento e comportamenti socialmente appropriati (U.S. Departement Of Health and Human Services, 1999).

II.II ABILITÀ NECESSARIE PER VIVERE DA SOLI

Raggiungere una "vita indipendente" è un percorso complesso ed eterogeneo; necessità di acquisire e interiorizzare una molteplicità di abilità e competenze che nel gergo scientifico prendono il nome di "life skills". L'Organizzazione Mondiale della Sanità (Divisione di salute mentale) definisce con il termine Skills For Life tutte quelle abilità e competenze che è necessario possedere per riuscire a relazionarsi in modo socialmente idoneo con gli altri, stringere relazione e affrontare i problemi, le criticità e gli stressor della vita quotidiana. Il non possedere adeguate skills può causare, in particolare nei giovani, l'instaurarsi di comportamenti a rischio, incapacità di rispondere in modo adeguato a eventi percepiti come stressanti. Nel 1992 l'OMS ritiene necessario introdurre nelle scuole e nei centri deputati all'apprendimento programmi specifici per l'acquisizione delle Skills For Life (OMS, 1992).

L'OMS oltre a definire il concetto di Skills For Life elabora un elenco di dieci competenze ritenute fondamentali per poter avviare una vita indipendente. Le life skills di seguito elencate vengono per convenzione raggruppare in cinque macro aree: decision making e problem solving, pensiero creativo e pensiero critico, comunicazione e relazioni interpersonali, autocoscienza ed empatia e infine gestione dell'emotività e dello stress (D'Anna et al, 2020).

1. Prendere decisioni, abilità che permette agli individui di affrontare in maniera produttiva le decisioni che si è chiamati a dover prendere nelle varie fasi della vita. Essere in grado di elaborare attivamente il processo decisionale valutando tra diverse possibilità di scelta tenendo conto delle conseguenze che potrebbero derivare da tali decisioni.

2. Problem solving, il complesso delle tecniche e delle metodologie necessarie all'analisi di una situazione problematica allo scopo di individuare e mettere in atto la soluzione migliore. Nella disabilità si esprime in particolare nel non deresponsabilizzare, agire o reagire in modo eccessivamente impulsivo.

3. Pensiero creativo, competenza che si esprime nella flessibilità cognitiva e nella capacità di esplorare alternative originali, permette di guardare oltre le esperienze dirette; nell'autismo il pensiero creativo molto spesso è in conflitto con il soggetto che tende a mettere in atto comportamenti abitudinari e stereotipati.

4. Pensiero critico, è il sapere analizzare le informazioni a propria disposizione in maniera obiettiva e oggettiva.

5. Comunicazione efficace, esprimere se stessi, sia dal punto di vista verbale che non verbale, creare e mantenere vive delle relazioni, esprimere il proprio punto di vista o i propri desideri; abilità che si manifesta nel comportamento assertivo.

6. Capacità relazionali interpersonali, permette di sapersi mettere in relazione e interagire positivamente con gli altri; le relazioni con gli altri che siano esse amicali o sentimentali sono una base fondamentale per una buona salute mentale e sociale. Questa capacità inizia soprattutto nel contesto familiare per andarsi poi ad ampliare in quello esterno.

7. Autoconsapevolezza è il saper riconoscere le proprie necessità, i propri punti di forza e quelli di debolezza, di fondamentale importanza perché permette all'individuo di chiedere aiuto all'altro; senza autoconsapevolezza inoltre il soggetto non sarebbe in grado di elaborare una completa conoscenza del sé.

8. Empatia, riuscire ad entrare in relazione con l'altro, essere in grado di immedesimarsi nei suoi panni percependo il suo stato emotivo. Questa è una competenza molto complessa da sviluppare, in particolare i soggetti autistici faticano a riconoscere le emozioni sperimentate dall'altro.

9. Gestione delle emozioni, abilità alla base dell'empatia, riguarda il sapere riconoscere le proprie emozioni in modo costruttivo.

10. Gestione dello stress, saper gestire le situazioni percepite come stressanti in modo che non siano dannose per il soggetto, saper riconoscere le fonti di distress nella vita e agire in modo da controllarle (Soresi, 2016 & OMS, 1992).

A partire dal 1994 l'OMS promuove l'insegnamento di queste abilità nei soggetti affetti da disabilità e ritiene, inoltre, che si tratti di elementi fondamentali per la crescita di tutti gli individui. La strada ideale da intraprendere è quella di introdurre l'insegnamento durante il percorso scolastico o creare percorsi ad hoc incentrati sull'attivazione e lo sviluppo di specifiche competenze, è necessaria una sensibilizzazione già in giovane età per evitare che i soggetti, per mancanza di abilità, sviluppino comportamenti negativi o di dipendenza (D'Anna et al, 2020).

II$_{\text{III}}$ DEFINIZIONE DI DOMOTICA

La domotica è la tecnologia che studia l'automazione della casa. Il termine Domotica deriva dal neologismo francese "domotique", che deriva dalla parola latina "domus" (casa, costruzione) e di "automotique" (automatica; secondo altri "informatique", informatica): quindi, letteralmente "casa automatica". Il termine domotica sta quindi ad indicare una casa in cui l'aspetto informatico ed elettronico giocano un ruolo principale. Indica quella disciplina che si occupa dell'integrazione di dispositivi elettronici e di sistemi di comunicazione per l'automazione della gestione e del controllo della casa. Si occupa dello studio e dell'applicazione delle tecnologie volte a ottimizzare la qualità della vita nelle nostre case rendendole più funzionali per mezzo di appositi sistemi di automazione domestica. Una particolare branca della domotica si occupa di fornire un supporto tecnologico per l'assistenza delle persone disabili e anziane. La domotica, quindi, può essere annoverata fra le tecnologie che cooperano ai fini della vita indipendente, perché rende possibile il miglioramento dell'accessibilità dell'ambiente ed estende le abilità dell'individuo tramite opportuni ausili.

CAPITOLO III

CASA DOMOTICA

III$_1$ TRAINING ABILITÀ DI VITA INDIPENDENTE

L'obiettivo è quello di contrastare e prevenire l'istituzionalizzazione di ritorno, le realtà di vita indipendente rappresentano un'opportunità molto importante per promuovere l'emancipazione dei soggetti, adulti autistici, dalla famiglia di appartenenza in un'ottica che vede al "Dopo di Noi" anticipatamente, in momento che si potrebbe definire "Durante Noi". Nello specifico, l'obiettivo è fare evolvere i servizi solitamente standardizzati, in interventi più personalizzati e specifici nei confronti di ogni utente, in accordo con quanto sancito dalla Convenzione ONU (Tamborrino, 2019). La vita indipendente nella realtà della disabilità intellettiva e in particolare nell'autismo rappresenta un vero percorso di crescita e autonomia per gli utenti che ne prendono parte, un percorso che prevede un ragionato e graduale distacco dal caregiver di riferimento, solitamente i genitori, attraverso l'inserimento di una realtà abitativa nuova o all'interno di strutture residenziali. L'utente sperimenta, soprattutto nel primo periodo, il concetto di convivenza per poi passare, in alcuni casi, alla vita da solo andando così a scegliere in autonomia dove vivere e con chi vivere. Il training non segue una struttura rigidamente standardizzata, proprio per la necessità di rendere ogni iniziativa il più possibile personalizzata sugli utenti che ne prendono parte, esistono però delle peculiarità che caratterizzato le diverse modalità operative:

- La creazione e il costante mantenimento di un dialogo con la famiglia di appartenenza della persona con disabilità, questo con l'intento di far vivere forme temporanee di distacco che serviranno in vista della vita indipendente vera e propria.

• La costruzione di un percorso di auto-conoscenza e consapevolezza tra le persone con disabilità già inserite nei centri diurni che manifestano il desiderio e il bisogno di distaccarsi per crearsi una vita il più possibile autonoma insieme agli amici, con le persone con cui hanno rapporti sentimentali o da soli.

• Coinvolgere il soggetto portatore di disabilità e se possibile la famiglia stessa nella ricerca della casa o del luogo in cui si trasferirà.

• Ristrutturazione, riprogettazione e adattamento dell'abitazione sui bisogni e le esigenze del soggetto che vi andrà a vivere, questa operazione ha l'obiettivo di adattare il luogo alle persone e non viceversa.

• La costante presenza degli operatori che in equipe progettano percorsi di sostegno personale nei confronti degli utenti.

• La costruzione, in parallelo, di un percorso di inserimento comunitario e sociale.

Lo stile metodologico messo in pratica dagli educatori è improntato sulla motivazione e la concretezza, i ragazzi devono essere i protagonisti assoluti di ogni attività messa in atto, il ruolo dell'operatore è di sostegno e supporto ma mai di attore principale, con questi corsi i giovani con disabilità devono imparare e comprendere il loro essere persone adulte e capaci di fare determinate cose da soli, tutto in maniera altamente personalizzata. Nel loro lavoro gli educatori collaborano in equipe in cui in fase preliminare per ogni soggetto vengono posti degli obiettivi (stabiliti insieme al soggetto se possibile e alla famiglia dello stesso) e tramite un'osservazione iniziale e alla luce delle risorse disponibili viene ideata un'attività e un percorso di intervento; compito dell'educatore è osservare costantemente successi e insuccessi degli utenti registrando tutto ciò che risulta essere rilevante, tutti i risultati, al termine solitamente di un triennio di partecipazione vengono studiati statisticamente per verificare l'efficacia dei progetti (Cadelano, 2015).

III$_{II}$ CASA DOMOTICA

Negli ultimi anni l'evoluzione tecnologica ha sviluppato diverse soluzioni per agevolare la vita quotidiana: dagli smartphone ai dispositivi indossabili, la tecnologia tende sempre di più a creare strumenti che l'uomo può utilizzare nella vita di tutti i giorni per semplificare le attività più comuni. Molti interagiscono tra di loro attraverso degli ambienti software e con protocolli di comunicazione standard ben definiti. Un esempio è dato dall'utilizzo dei servizi per promemoria intelligenti oppure per la fruizione di contenuti attraverso comandi vocali. La Domotica agevola gli aspetti della quotidianità all'interno dell'ambiente casalingo o, più in generale, di ambienti antropizzati. Il concetto di automazione della casa ha preso piede negli ultimi anni, creando una nuova materia di studio che comprende varie discipline. Attraverso la modifica di un impianto elettrico, la domotica integra elementi "intelligenti" creando una comunicazione attiva tra l'utente e l'ambiente casalingo, attraverso dispositivi che fungono da interfaccia. Lo studio della domotica si focalizza sugli ambienti in cui l'uomo passa parte del suo tempo giornaliero, tra cui i grandi edifici. L'edificio intelligente consente la gestione coordinata, integrata e computerizzata degli impianti tecnologici (climatizzazione, distribuzione acqua, gas ed energia, impianti di sicurezza), delle reti informatiche e delle comunicazioni con l'evidente scopo di migliorare la gestione, il comfort, la sicurezza; tuttavia a dispetto di ciò la realizzazione di un impianto domotico comporta il più delle volte un costo elevato.

Per una persona con disabilità le apparecchiature tecnologiche non hanno senso "isolate" dal contesto della casa. Disporre di un sistema unico che possa comprendere tutte le funzioni di comunicazione ed autonomia di cui la persona necessita è l'obiettivo della domotica. Per questo motivo la scelta della tecnologia più corretta può richiedere valutazioni approfondite, con l'aiuto di persone esperte in tema di disabilità.

Considerare la persona disabile come elemento attivo all'interno di una struttura immobiliare è il presupposto fondamentale per avviarsi alla progettazione di una casa domotica che vede alla vita indipendente. Le strutture edili con cui l'utente entra in contatto devono poter interagire e permettere un grado di autonomia alla persona disabile. L'ambiente e le tecnologie adottate dovranno quindi essere personalizzate sulla base delle esigenze dell'utilizzatore.

Di seguito è riportata una tabella riassuntiva della bozza di progetto per la realizzazione di una casa domotica interattiva per un utente portatore di disabilità in riferimento alla legge sul dopo di noi.

TITOLO	**DOPO DI NOI**
	Nel corso degli ultimi anni è sempre più forte l'esigenza di creare spazi dove i soggetti portatori di disabilità, in particolare autismo, possano sperimentare una vera e propria vita indipendente in autonomia rispetto alle proprie famiglie di origine. Il progetto è individualizzato, orientato verso l'autonomia e l'uscita dal nucleo familiare di origine anche mediante soggiorni temporanei al di fuori del contesto familiare, per favorire il benessere, la piena inclusione sociale e l'autonomia delle persone con autismo.
ANALISI DEL CONTESTO	La legge n. 112/2016 (contenente "Disposizioni in materia di assistenza in favore delle persone con disabilità grave prive di sostegno familiare"), conosciuta come la legge "del dopo di noi, partendo dal durante noi", ossia come quel provvedimento legislativo che ha introdotto un finanziamento ed agevolazioni per misure volte a garantire un progetto di vita delle persone con disabilità grave, da continuare anche quando perdano il sostegno familiare.

TITOLO	**DOPO DI NOI**
ANALISI DEL CONTESTO	Con la Legge n. 112/2016 si sta dando vita ad un nuovo modo di intendere il "Dopo di Noi". Per la prima volta, si inizia a pensare alla persona con disabilità come Persona, che, come tutti gli altri, ha diritto a non veder "spezzato il filo" della sua vita (solo perché i genitori non possono più supportarlo).
ANALISI DELLE ESIGENZE	Prima di avviare il progetto vero e proprio della casa domotica, l'analisi delle esigenze permette di comprendere quali possono essere le reali necessità dell'utenza debole e i risultati che si vogliono raggiungere. Essa comprende le seguenti attività: selezionare, con la committenza e gli operatori sociali, i dispositivi di tipo domotico più adeguati alle necessità educative del soggetto autistico o di un gruppo di soggetti portatori di disabilità; brainstorming, che si affina nel tempo, per raggiungere la definizione di tutti gli scenari che costituiscono la quotidianità. In questo modo si vengono a definire tutti gli eventi programmati che si attivano in conseguenza di uno specifico comando o di un particolare evento.

TITOLO	DOPO DI NOI
OBIETTIVI	▸ Diminuire o minimizzare la presenza di un supervisore, ovvero di un educatore, in modo che gli utenti possano essere, autoresponsabilizzati e quindi emanciparsi. ▸ Garantire all'utente autistico un giusto e corretto livello di safety e security: nel primo caso, si attribuisce all'alloggio una valenza educativa a diversi livelli perché aiuta gli occupanti, con modalità simili e in sinergia con gli assistenti (educatori), attraverso un monitor che segnala le dimenticanze avvenute durante la giornata e gli permette anche la comunicazione visiva con gli operatori pronti a intervenire quando si verificano situazioni di emergenza. Nel secondo caso la casa diventa sicura in riferimento ai rischi derivati da comportamenti inappropriati. ▸ Empowerment delle risorse degli utenti. ▸ Aumentare il benessere psichico dei partecipanti. ▸ Sperimentare la vita indipendente per un piccolo gruppo di utenti.

TITOLO	**DOPO DI NOI**
SINTEISI DI PROGETTO	Per iniziare occorre creare una griglia di osservazione di tutti i comportamenti e azioni eseguite, dal soggetto autistico, nel corso della giornata. Questo materiale è necessario, oltre che per migliorare l'intervento degli operatori, anche per creare una solida base di partenza per l'intervento domotico-educativo. È stato pensato un sistema domotico che con un insieme di scenari avverte in maniera opportuna l'utente interessato delle eventuali mancanze nella gestione delle attività quotidiane svolte nell'appartamento, per lasciare l'opportunità di un intervento volontario e consapevole che gli consenta di maturare una graduale presa di coscienza dell'adempienza (casa educativa). L'interlocutore tecnologico per guidare l'utente in questo recupero progressivo dell'autonomia è lo schermo televisivo, con un interfaccia grafica studiata ad hoc in base all'utente e agli scenari di riferimento. I monitor giocano un ruolo fondamentale grazie alla familiarità ed alla dimestichezza d'uso che questo elettrodomestico consente ed alla possibilità che esso offre di comunicare tanto visivamente quanto acusticamente l'evento di interesse (es. rubinetto dimenticato aperto, il frigo lasciato socchiuso, ecc.).

TITOLO	DOPO DI NOI
MATERIALI	▸ Televisori con Schermo touch screen ▸ Sensori rilevamento presenza ▸ Griglie di osservazione dei comportamenti costruite ad hoc ▸ Rilevatore gas metano ▸ Telecamere a fuoco fisso ▸ Contatore medicine ▸ Viva voce bidirezionale ▸ Forno intelligente ▸ Mini pc ▸ Telecamere interattive ▸ Sensori (presenza, movimento, carico) ▸ Etc.
TEMPI	1 ANNO
TARGET	▸ Soggetto o gruppo di soggetti con disturbo dello spettro autistico. ▸ Soggetti portatori di disabilità.

III.III REALIZZAZIONE PRATICA

"Chiunque ad un certo punto della vita mette su casa. La parte difficile è costruire una casa del cuore. Un posto non soltanto per dormire, ma anche per sognare. Un posto dove crescere una famiglia con amore, un posto non per trovare riparo dal freddo ma un angolino tutto nostro da cui ammirare il cambiamento delle stagioni; un posto non semplicemente dove far passare il tempo, ma dove provare gioia per il resto della vita".

Sergio Bambarén

PREMESSA

Negli ultimi anni l'evoluzione tecnologica ha sviluppato diverse soluzioni per agevolare la vita quotidiana: dagli smartphone ai dispositivi indossabili, la tecnologia tende sempre di più a creare strumenti che l'uomo può utilizzare nella vita di tutti i giorni per semplificare le attività più comuni. Molti interagiscono tra di loro attraverso degli ambienti software e con protocolli di comunicazione standard ben definiti. Smartphone con sistemi operativi come Android e iOS creano una semi automazione, attraverso un parco applicazioni molto vasto. Un esempio è dato dall'utilizzo dei servizi per promemoria intelligenti oppure per la fruizione di contenuti attraverso comandi vocali. La Domotica agevola gli aspetti della quotidianità all'interno dell'ambiente casalingo o, più in generale, di ambienti antropizzati. Il concetto di automazione della casa ha preso piede negli ultimi anni, creando una nuova materia di studio che comprende varie discipline. Attraverso la modifica di un impianto elettrico, la domotica integra elementi "intelligenti" creando una comunicazione attiva tra l'utente e l'ambiente casalingo, attraverso dispositivi che fungono da interfaccia. Lo studio della domotica si focalizza sugli ambienti in cui l'uomo passa parte del suo tempo giornaliero, tra cui i grandi edifici. In questo caso si parla di building automation o "automazione degli edifici". L'edificio intelligente consente la gestione coordinata, integrata e computerizzata degli impianti tecnologici (climatizzazione, distribuzione acqua, gas ed energia, impianti di sicurezza), delle reti informatiche e delle comunicazioni con lo scopo di migliorare la gestione, il comfort, la sicurezza; tuttavia a dispetto di ciò la realizzazione di un impianto domotico comporta il più delle volte un costo elevato. Le apparecchiature tecnologiche inserite all'interno del sistema domestico fungono da tramite tra la casa e il soggetto portatore di disabilità; infatti quando si presenta una richiesta da parte dell'utente entra in gioco la domotica che permette all'abitazione di soddisfare la specifica richiesta. Disporre di un sistema unico che possa comprendere tutte le funzioni di comunicazione ed autonomia di cui la persona necessita, è l'obiettivo della domotica. Per questo motivo la scelta della tecnologia più corretta può richiedere valutazioni approfondite, con l'aiuto di persone esperte in tema di disabilità.

Considerare la persona disabile come elemento attivo all'interno di una struttura immobiliare è il presupposto fondamentale per avviarsi alla progettazione di una casa domotica. Le strutture edili con cui l'utente entra in contatto devono poter interagire e permettere un grado di autonomia alla persona disabile. L'ambiente e le tecnologie adottate dovranno quindi essere personalizzate sulla base delle esigenze dell'utilizzatore.

LEGGE SUL DOPO DI NOI

La legge sul dopo di noi è stata emanata allo scopo di introdurre strumenti pubblici e privati che favoriscano il benessere, l'inclusione sociale, l'autonomia e l'assistenza delle persone affette da disabilità grave. Con questa legge, quindi, si attua una progressiva presa in carico del disabile già durante l'esistenza in vita dei genitori e nel pieno rispetto della sua volontà. I destinatari della legge in questione sono le persone affette da disabilità grave prive di entrambi i genitori oppure che non possono contare sul sostegno della propria famiglia. Per disabile si intende colui che ha una minorazione fisica, psichica o sensoriale, stabile o progressiva, tale da diminuirne l'apprendimento, la vita di relazione e l'integrazione lavorativa. Per sostenere e tutelare le persone affette da disabilità grave è stato istituito un Fondo (presso il ministero del Lavoro e delle Politiche Sociali) finalizzato a:

- Adottare programmi di intervento e supporto volti ad impedire che i disabili vengano ricoverati presso gli istituti.
- Realizzare, ove necessario, una soluzione abitativa extrafamiliare.
- Creare soluzioni alloggiative di tipo familiare.
- Accrescere la consapevolezza del disabile e sviluppare le sue abilità e competenze per la gestione della vita quotidiana e per il raggiungimento dell'autonomia e dell'indipendenza.

Sono ancora poche le regioni che hanno già dato esecuzione ai progetti. A dimostrazione del fatto che ad oggi l'intera procedura prevista dalla legge sul dopo di noi necessiti di alcune modifiche onde evitare un rallentamento, o peggio ancora, un mancato stanziamento delle risorse. Inoltre, per incentivare il coinvolgimento dei privati, la legge sul dopo di noi ha previsto anche una serie di agevolazioni fiscali in favore delle persone affette da disabilità grave.

FINALITÀ

In un mondo in cui le nuove tecnologie sono in rapida crescita e in costante evoluzione, permettendo di soddisfare ogni più svariata richiesta da parte dell'individuo, il nostro gruppo di lavoro è stato spinto a utilizzare i nuovi ausili informatici ed elettronici come punto di partenza per spingersi oltre ad un ambiente domestico di tipo domotico per l'ausilio di soggetti portatori di disabilità.

Grazie alla collaborazione di un'equipe multidisciplinare composta da varie figure professionali operanti nell'ambito sociale, edile, informatico ed elettronico si creerà una casa domotica "INTERATTIVA" per l'utenza disabile.

Il soggetto non sarà più un semplice fruitore passivo della tecnologia di sussidio domestico ma sarà egli stesso elemento interattivo con la propria abitazione tecnologica.

Un gruppo di utenti portatori di disabilità potrà sperimentare la vita autonoma e indipendente.

PROGETTAZIONE

Nel corso della realizzazione della casa domotica interattiva sono stati programmati e progettati interventi di tipo psicosociale, edile, elettronico, informatico e softweristico. Tutti questi sistemi devono interagire in sinergia tra di loro per raggiungere un obiettivo comune: portare l'utente dell'abitazione a vivere in autonomia. Il primo passo è stato studiare da parte di specialisti del settore la struttura e la piantina dell'abitazione al fine di evidenziare ciò che doveva essere modificato, costruito, implementato al fine dell'attuazione dell'intervento.

In parallelo è stato svolto un intervento di tipo psicoeducativo, dove un'equipe di psicologi ed educatori ha osservato le abitudini e i comportamenti dell'utente e le modificherà sulla base delle caratteristiche richieste per raggiungere una interazione autonoma con l'abitazione domotica.

È stata effettuata un'osservazione di tipo ecologico e un'osservazione di tipo partecipante di tutti i comportamenti emessi dall'utente nel corso della giornata per 7 giorni (in modo da monitorare l'intera settimana).

È stata strutturata una griglia di osservazione in cui il compilatore ha annotato tutti i comportamenti emessi da Leo da quando si alza al mattino fino all'addormentamento la sera. Questo è stato effettuato per i sette giorni della settimana, al fine di raccogliere tutte le abitudini e le routine comportamentali e gli impegni di Leo. Sono state effettuate riprese video tramite telecamere poste su cavalletto. I professionisti dallo studio delle immagini hanno completato la griglia di osservazione.

Dal materiale analizzato è stato possibile raccogliere informazioni indispensabili ad avviare la progettazione di un sistema informatico e domotico che soddisfi al meglio le esigenze di Leo. Un intervento di tipo individualizzato e personalizzato sulla base delle caratteristiche di ogni utente.

Tramite la griglia di osservazione appositamente costruita sono stati raccolti dati ecologici del comportamento di Leo nell'ambiente familiare. È stato possibile raccogliere un gran numero di informazioni necessarie a delineare una prima sperimentazione e per familiarizzare con gli strumenti.

- A tal fine è stato possibile raccogliere informazioni ergonomiche (interazione uomo-macchina).
- Leo familiarizza con la telecamera. (Abbiamo notato che il comportamento di Leo con la presenza di una telecamera è cambiato perciò è stato necessario un periodo in cui quest'ultima è stata posizionata nell'abitazione come se fosse un oggetto di arredo in modo che il ragazzo accettasse la presenza di questo cambiamento. Il periodo di abituazione allo stimolo ha richiesto un tempo di circa una settimana).
- Posizionamento monitor.
- Scansione temporale giornata Leo.
- Registrazione comandi audiovisivi (cancello entrata, porta ingresso, porta cucina, arrivo operatore) generati dalle registrazioni vocali dei genitori, generalmente la mamma di Leo.
- Miglioramento ergonomico. (Schermo posizionato ad una

altezza tale che il campo visivo caschi al centro dello schermo, audio in ogni stanza, monitor di almeno 40" in posizione verticale).

• Tipologia e modalità dei comandi che saranno brevi e coincisi della durata di massimo 4 secondi. (Nome + azione. Es.: "Leo chiudi la porta"). I comandi vocali fungeranno da veri e propri prompt verbali che suggeriranno a Leo che cosa dovrà fare.

III$_{IV}$ GRIGLIA OSSERVAZIONE BASELINE

È stata realizzata una griglia di osservazione dei comportamenti di Leo nella propria abitazione nel corso dell'intera giornata, dal risveglio all'addormentamento, tramite una osservazione ecologica da parte dei genitori con l'ausilio di una telecamera. Tutto questo è stato realizzato per tutti i giorni della settimana al fine di ottenere dati il più attendibili possibile. Sono state fornite agli operatori e ai genitori le istruzioni necessarie per compilare al meglio tale griglia.

ISTRUZIONI: inserire nella colonna "ORA" l'orario esatto in cui Leo inizia e termina l'attività. Nella colonna "ATTIVITÀ" descrivere in modo dettagliato l'azione che Leo sta compiendo (es.: alzarsi, apparecchiare, vestirsi, ecc.). Nella colonna "SUGGERIMENTO" inserire la descrizione dell'aiuto necessario a LEO per eseguire l'azione. Se non è necessario alcun suggerimento scrivere No e la colonna è completata. Se è necessario un suggerimento, annotiamo se è di tipo verbale (cosa viene detto...) o non verbale (gesto, movimento...), il numero di volte che lo stesso suggerimento deve essere ripetuto per fare iniziare l'attività a Leo e infine il tempo di latenza, ovvero il tempo che intercorre tra il suggerimento e l'inizio effettivo dell'attività di Leo.

ESEMPIO GIORNO 04/04/2020
(SABATO MATTINA)

ORA		ATTIVITÀ		SUGGERIMENTO	
INIZIO	FINE	DESCRIZIONE	SI/NO	VERBALE /NON VERBALE	N
9,20	9,28	SVEGLIATI, ALZATI DAL LETTO	SI	VERBALE AIUTO DALLA MAMMA ABBRACCIO	3
9,28	9,34	SVEGLIATI, ALZATI DAL DIVANO	SI	VERBALE	3
9,34	9,54	COLAZIONE	NO	RINFORZO SCARPA	
9,54	9,55	DENTI	SI	VERBALE	1
9,55	10,08	ATTIVITÀ DI CUCINA	SI	VERBALE	1
10,08	10,09	LAVARSI LE MANI	SI	VERBALE	1
10,09	10,30	ATTIVITÀ DI CUCINA	NO		

ESEMPIO GIORNO 04/04/2020
(SABATO POMERIGGIO)

ORA		ATTIVITÀ		SUGGERIMENTO	
INIZIO	FINE	DESCRIZIONE	SI/NO	VERBALE /NON VERBALE	N
10,30	10,40	DOCCIA	SI	VERBALE	1
10,40	10,50	LAVARE I CAPELLI	SI	VERBALE	1
10,52		PREPARARSI PASSEGGIATA	SI	VERBALE	2
11,00	12,15	PASSEGGIATA	SI	VERBALE	1
13,10	13,15	LAVARE LE MANI PER IL PRANZO	SI	VERBALE	4
13,15	13,19	METTERE IL PIGIAMA	SI	VERBALE	1
13,20	13,25	METTERE A POSTO I PIATTI DELLA LAVASTOVIGLIE	SI	VERBALE ABBRACCIO DELLA MAMMA	1
13,25	13,33	APPARECCHIARE IL TAVOLO	SI	VERBALE	2
				RICHIESTA	1
				PIATTI FONDI	1
				GRATTUGIARE IL FORMAGGIO	1
				APRIRE IL BARATTOLO OLIO	1
14,34	14,37	METTI I PIATTI NELLA LAVASTOVIGLIE	SI	VERBALE RICHIAMATO PIÙ VOLTE	4
14,37	15,00	COMPUTER	NO		

ESEMPIO GIORNO 04/04/2020
(SABATO SERA)

ORA		ATTIVITÀ		SUGGERIMENTO	
INIZIO	FINE	DESCRIZIONE	SI/NO	VERBALE /NON VERBALE	N
18,54	19,00	APPARECCHIARE IL TAVOLO	SI	VERBALE	3
19,33	19,45	METTERE A POSTO I PIATTI DELLA LAVASTOVIGLIE	SI	VERBALE	1
19,45	19,47	LAVARE I DENTI	SI	VERBALE	1
19,47	22,00	COMPUTER	SI	VERBALE	
22,00	22,30	SPENTO COMPUTER DIVANO FILM TV	SI NO	VERBALE	3
22,45	23,15	TV CANALE 43	SI	VERBALE	2

Dalla compilazione della griglia sono stati selezionati una serie di primi comportamenti target da fare apprendere a Leo.

Un educatore, supervisionato da uno psicologo, lavora sulle azioni pratiche che Leo deve apprendere e funge da ponte tra il ragazzo e il sistema domotico:

1. Sveglia
2. Apparecchiare

3. Arrivo educatore
4. Chiudere il frigo

Oltre ad osservare il comportamento del ragazzo è stato possibile in parallelo monitorare e annotare tutte le azioni e comandi verbali che i genitori di Leo davano al figlio per comunicargli la determinata mansione da svolgere nel corso della giornata.

Per rendere l'ambiente domotico il più familiare possibile verranno implementati nel sistema informatico le registrazioni audio dei comandi verbali dei genitori. Ogni volta che la casa domotica dovrà comunicare all'utente di svolgere una determinata mansione lo farà tramite le voci dei genitori (in questo caso la voce del padre).

III_V EVENTO SVEGLIA

Leo si sveglia al mattino solitamente alle 9:30, per questo è stato deciso di impostare nei monitor touch il comando "Svegliati Leo" alle 9:30 ed è stato così programmato: il sistema informatico della casa domotica intelligente funge la funzione di coordinamento e invio di segnali di inizializzazione al monitor (come un direttore d'orchestra che dirige ogni singolo elemento del gruppo) alle ore 9:30. La proiezione audiovisiva ha la rappresentazione grafica di una sveglia con al centro un bottone raffigurante una "X" rossa, accompagnata dal comando vocale "Leo Svegliati".

Dopo il primo comando verbale se Leo non si sveglia trascorreranno 3 minuti di latenza dopo i quali il sistema riprodurrà il messaggio audiovisivo. Questo ciclo si ripeterà fino a che Leo non si sveglia.

Nel letto è presente un sensore di carico che rileva la presenza del ragazzo sul letto; se si alza dal letto il sensore comunicherà al sistema domotico che non deve essere più proiettato il segnale audiovisivo nel monitor e che si può procedere all'azione successiva.

Inoltre, quando Leo andrà a dormire, conclusa la giornata, rivelerà la sua presenza nel letto. Il mattino seguente la sveglia suonerà nuovamente alle 9:30.

Leo potrebbe alzarsi durante la notte per andare in bagno, il sensore comunicherà questo al sistema domotico che monitorerà l'effettiva presenza di Leo in bagno.

III$_{VI}$ STUDIO ARCHITETTURA DOMOTICA

La domotica pensata per la vita indipendente di Leonardo è sostanzialmente delineata in due progetti collegati e interattivi tra loro:

- Domotica "Gestione Vita Indipendente"
- Domotica composta dalla sicurezza e comfort

La domotica studiata per la vita indipendente prevede lo studio e l'attuazione di interventi di tipo "educativo" in cui la casa suggerisce le mansioni da svolgere all'utente durante la giornata (preparare i pasti, fare la doccia, ecc.). Infatti, la casa domotica, mentre assiste l'occupante può comunicargli in tempo reale, attraverso un monitor touch, le attività da svolgere. La casa, inoltre rende sempre più autonomo l'utente dandogli la possibilità di mettersi in comunicazione visiva con gli operatori nel caso in cui si verifichino situazioni di emergenza. La casa sarà "educativa" anche quando l'insieme degli scenari previsti segnala all'utente che si sta verificando un qualsiasi evento dovuto ad una sua dimenticanza o ad una mancata esecuzione di alcune procedure, come per esempio quelle necessarie a chiudere gli impianti o azioni che prevedono l'utilizzo di utensili o oggetti domestici (pentola dimenticata sul fuoco, rubinetto dell'acqua lasciato aperto, luci non spente, finestre dimenticate aperte, ecc.).

La casa domotica composta dalla sicurezza e dal comfort comunica tramite sensori e sistemi di allarme eventuali sviste (es.: gas acceso, acqua aperta). È garantita la "safety" (sicurezza) al verificarsi di un evento pericoloso, ed è garantita la "security" (sicurezza), che prende decisioni di tipo on/off, by-passando l'utente che non è in grado di intervenire per modificare una determinata situazione.

STATO DI FATTO IMPIANTO

L'impianto elettrico si identifica con una costruzione standard, ovvero non vi sono sistemi integrati di automazione e controllo della casa con l'impianto elettrico in uso.

Nello specifico: Domotica "Gestione Vita Indipendente".

L'impianto deve essere costruito in questo caso per dare a Leonardo la possibilità di compiere le azioni semplici di vita quotidiana in assenza dell'operatore.

Il sistema deve scandire le azioni quotidiane e controllarne l'avvenuta esecuzione, nel caso in cui non si concluda l'azione comandata, il sistema deve inviare all'operatore l'anomalia, e con l'ausilio delle telecamere con audio bidirezionale si ripropone il comando fino alla avvenuta esecuzione. Nel caso fallisca l'intervento via telecamera deve intervenire l'operatore.

L'impianto domotico deve essere costituito da un PLC con ingressi digitali ed analogici, sensori per il rilevamento delle azioni avvenute e posizionamento nello spazio della casa.

Per un controllo diretto si utilizzano le telecamere WIFI nelle singole stanze con audio bidirezionale tramite le quali l'operatore comunica verbalmente a Leo cosa fare.

La smart-home è interattiva perché oltre a comunicare in modo monodirezionale verso l'utente tramite segnali output è anche bidirezionale perché interagisce con l'utenza che tramite monitor touch screen conferma l'avvenuta comprensione della richiesta. In questo modo la smart-home è in continua relazione con il soggetto e modifica i comandi e le richieste in tempo reale. È un reciproco e continuo scambio di informazioni possibile grazie alla programmazione di un complesso software informatico realizzato ad hoc.

Agenda attività giornaliera/settimanale che permette all'utente di acquisire una rappresentazione grafica dello scorrere del tempo e degli impegni che avrà nel corso della giornata.

Nell'immagine seguente è visibile un esempio di interazione uomo-smart-home tramite il touch screen.

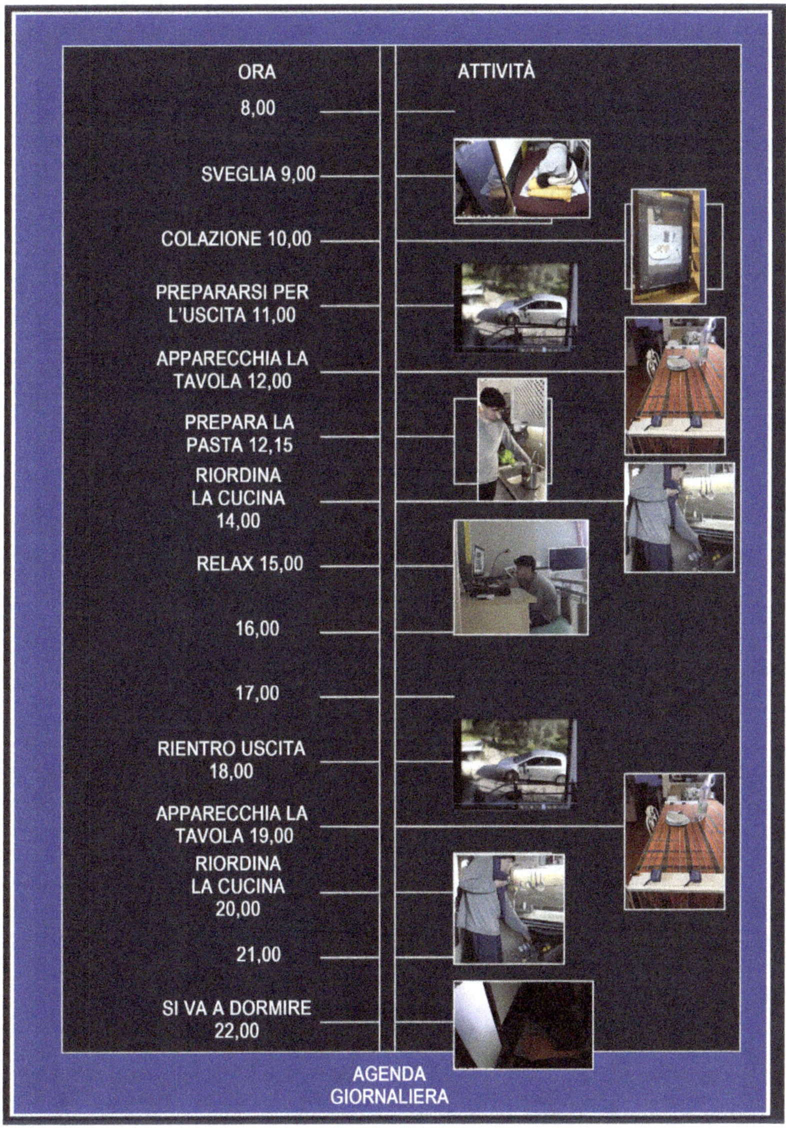

Fig. 1 *Agenda visiva attività giornaliere (immagine autocostruita)*

III_{VII} SISTEMA DI CONTROLLO INTELLIGENTE E TELEDOMOTICA

Inoltre, verrà creato un calendario digitale che permette di acquisire consapevolezza dello scorrere del tempo e di ricordare gli impegni futuri. È fondamentale una pianificazione e chiarezza grafica, strutturata sulla base delle specifiche caratteristiche di Leo. La scansione del giorno, settimana e mese deve essere di facile e immediata comprensione.

- Aiuta a tenere traccia dell'ora del giorno
- Tempo presentato in modo semplice
- Promemoria chiari e personali con foto e messaggi vocali
- Data base degli eventi mensili, falliti o riusciti
- Schermo touch di grandi dimensioni, da installare a parete
- Uscita audio
- Uscita e ingresso video
- Ingresso rete LAN
- Alimentazione da rete elettrica AC 230 V

Deve visualizzare:

- Foto Leonardo che va in bagno a lavare i denti
- Foto Leonardo che si alza dal letto
- Foto tavolo apparecchiato
- Foto tavolo sparecchiato
- Foto lavastoviglie
- Foto letto dove andare a dormire
- Foto pattumiera da svuotare
- Foto Leonardo che fa la doccia
- Foto Leonardo che si veste
- Foto Leonardo che prepara il pranzo aiutato dall'Ipad situato in cucina
- Foto attività esterna, cavallo, piscina, ecc.

Nel monitor deve essere presente la scala temporale che scandisce le attività e i compiti da eseguire durante la giornata. Per migliorare la comprensione sono state introdotte icone grafiche che specificano l'attività da eseguire.

Ogni attività deve essere visualizzata sui monitor e deve inviare un video messaggio il quale si interrompe quando il sensore rileva l'avvenuta richiesta da parte dell'utente.

III~VIII~ GIORNATA TIPO

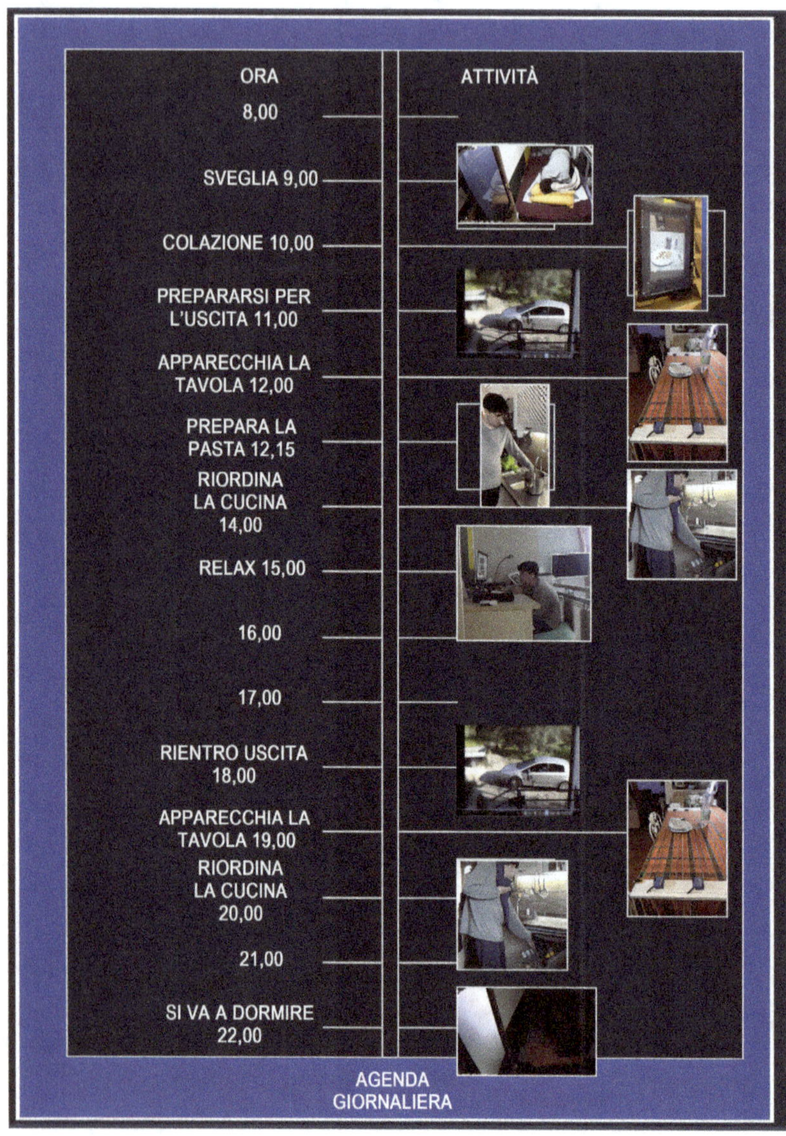

Fig. 2 *Agenda visiva attività giornaliere (immagine autocostruita)*

III~VIII~ GIORNATA TIPO

Gestione sequenziale delle attività giornaliere che si presentano sotto forma visiva nel monitor.

ATTIVITÀ IN SEQUENZA

SVEGLIA

COLAZIONE

SPARECCHIARE IL TAVOLO

LAVARSI

OPERATORE PER ATTIVITÀ   ATTIVITÀ ESTERNA

RIENTRO A CASA

APPARECCHIARE

SPARECCHIARE

LAVARE I PIATTI

LAVARE I DENTI

COMPUTER RELAX

OPERATORE PER ATTIVITÀ   ATTIVITÀ ESTERNA

RIENTRO A CASA

COMPUTER RELAX

APPARECCHIARE

SPARECCHIARE

LAVARE I PIATTI

LAVARE I DENTI

COMPUTER RELAX

ANDARE A DORMIRE

All'interno di ogni attività vi sono una serie di singoli task comportamentali che Leo mette in atto.

Di seguito viene riportato un esempio di scomposizione di un'attività in tutte le sue sequenze di quando Leo rientra a casa alle ore 12:00 e si prepara per il pranzo.

RIENTRO A CASA DOPO LA PASSEGGIATA	SCOMPOSIZIONE DELLE ATTIVITÀ RIENTRO A CASA DOPO PASSEGGIATA	ORA
SVESTIRSI	LEO METTE IL PIGIAMA	12,10
LAVARE LE MANI		12,15
APPARECCHIARE		12,17
PREPARARE IL PRANZO	POSIZIONARE IL TABLET SUL PIANO DI LAVORO IN CUCINA	12,18
MANGIARE		12,40
SPARECCHIARE	METTERE: PIATTI, BICCHIERI, POSATE, NELLA LAVASTOVIGLIE	12,45
LAVARE PENTOLE		12,52
SPAZZARE IN TERRA		13,08

Di seguito viene riportato un esempio di scomposizione di un'attività in macroscomposizione nel dopo pranzo fino al termine della giornata.

DOPO PRANZO		ORA
LAVARE I DENTI		14,00
RELAX	RINFORZO COMPUTER	14,05
ASPETTARE IL PULMINO PER LE ATTIVITÀ		15,00

PRIMA DI CENA		ORA
LAVARE LE MANI		19,45
APPARECCHIARE		
PREPARARE IL PRANZO	POSIZIONAMENTO TABLET SUL PIANO DI DI LAVORO DELLA CUCINA	19,46
MANGIARE		20,00
SPARECCHIARE	METTERE: PIATTI, BICCHIERI, POSATE, NELLA LAVASTOVIGLIE	20,32

ANDARE A DORMIRE		ORA
LAVARE	DENTI E MANI	21,00
ANDARE A LETTO		

Come visibile in tabella per ogni attività che avviene nel corso della giornata il sistema domotico tramite monitor touch screen comunica a Leo quale compito deve svolgere in quella determinata ora. I canali più efficaci per la comunicazione delle operazioni da svolgere all'utente sono quelli di tipo audio visivo, infatti vengono utilizzate immagini che richiamano l'attività da svolgere ed in contemporanea il messaggio audio che specifica l'azione da compiere. È stato deciso di utilizzare suoni e immagini per l'utente familiari quali la voce del padre e gli stessi oggetti che vengono quotidianamente utilizzati nell'abitazione.

Di seguito riportiamo alcuni esempi:

Esempio immagine che accompagna il prompt verbale della registrazione audio della voce della mamma di Leo che dice "apparecchia la tavola" sul touch screen:

Fig. 3 *Immagine visiva dell'azione "apparecchia"*

Esempio immagine che accompagna il prompt verbale della registrazione audio della voce della mamma di Leo che dice "preparati per andare al mare" sul touch screen:

Fig. 4 *Immagine visiva dell'azione*
"preparati per andare al mare"

III_{IX} DOMOTICA PER IL COMFORT E LA SICUREZZA

Vengono di seguito riportati una serie di elementi necessari alla realizzazione della casa domotica interattiva.

Elenco di tutti gli strumenti ed elementi:

RIARMO AUTOMATICO

Riattivazione automatica del differenziale in caso di scatto intempestivo.

GESTIONE CARICHI

Funzione di monitoraggio dei consumi e di distacco del carico non prioritario per prevenire interruzioni di energia elettrica.

SCARICATORE DI SOVRATENSIONE

Protezione dell'impianto da sbalzi di tensione potenzialmente dannosi, in particolare per i dispositivi elettronici.

GESTIONE CLIMA

Regolazione della temperatura in funzione delle modalità di utilizzo e in modo indipendente.

REMOTIZZAZIONE DEGLI ALLARMI VIA SMS

Funzione che permette la ricezione di una serie di informazioni relative ad anomalie degli impianti tramite telefono (GSM).

GESTIONE DA REMOTO DELL'IMPIANTO DI TERMOREGOLAZIONE

Funzione che offre la possibilità di attivare e controllare l'impianto di riscaldamento da remoto, da operatore esterno.

GESTIONE A DISTANZA DEL CITOFONO

Possibilità di ricevere le chiamate citofoniche e di comandare l'apertura di porte e cancelli dal cellulare.

VIDEOCONTROLLO DELLA CASA VIA INTERNET

Funzione che permette il controllo visivo della casa tramite un collegamento a internet da ogni parte del mondo.

CAPITOLO IV

LE FASI DI SPERIMENTAZIONE

Lo sviluppo e l'evolversi della Domotica "Gestione Vita Indipendente" si è svolta in un lasso di tempo di alcuni anni in cui si sono susseguiti una serie di approcci e metodologie differenti che per convenzione chiameremo "fasi sperimentali". Per ogni fase di evoluzione del progetto sono stati definiti degli obiettivi da raggiungere al fine di definire, pianificare ed eseguire il lavoro svolto. È stato spesso necessario, in alcune occasioni, modificare gli obiettivi stilandone di nuovi e più coerenti alle caratteristiche di Leo e dell'abitazione.

Dopo un'attenta revisione e dopo la conclusione di ogni fase si è stabilito come procedere nell'implementazione di nuove apparecchiature e nello sviluppo di progetti educativi per far apprendere a Leo nuove abilità necessarie ad interagire con il sistema.

La Prima fase sperimentale, ovvero il primo step per la realizzazione del progetto, è stata l'osservazione ed il conseguente studio delle azioni di vita quotidiana che Leonardo compie nel suo ambiente di casa.

Sono stati acquisiti, tramite videocamera installata su un apposito supporto, i comportamenti messi in atto durante la giornata, annotandoli sulle griglie di osservazione appositamente costruite per ottenere un monitoraggio in baseline.

La Seconda fase sperimentale è caratterizzata dall'inserimento di alcuni strumenti che potessero comunicare con lui, quali:

Monitor su cui vengono lanciati video messaggi di attività da eseguire. L'impianto è composto da un PC, collegato a n°3 TV, posizionate nelle stanze dell'appartamento (n°1 TV sala, n°1 TV cucina, n°1 TV camera Leonardo), la trasmissione dei dati viene inviata con strumenti trasmettitori e ricevitori (via cavo LAN).

Dall'osservazione delle griglie, raccolte nella prima fase sperimentale, sono state eseguite le prime prove di tipo pratico in cui le TV hanno proiettato i primi video rappresentanti le richieste fatte a Leo:

Fig. 5 *Immagine primo video sperimentale prompt*
"chiudi la porta"

Fig. 6 *Immagine secondo video sperimentale prompt*
"Leo preparati che arriva l'educatore"

Fig. 7 *Immagine terzo video sperimentale prompt*
"apparecchia"

Fig. 8 *Immagine quarto video sperimentale prompt*
"chiudi il frigorifero"

Fig. 9 *Immagine installazione TV camera
da letto Leo*

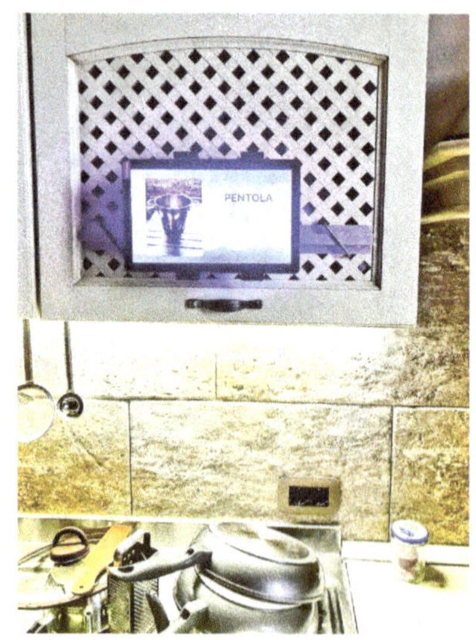

Fig. 10 *Immagine installazione TV in cucina*

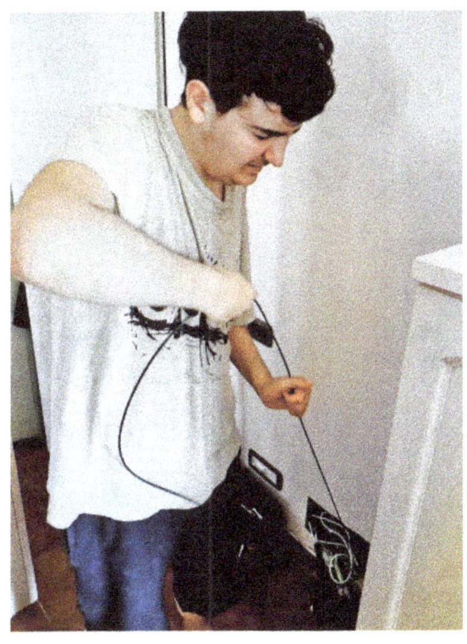

Fig.11 *Immagine della costruzione,*
ha contribuito anche Leonardo

La Terza fase sperimentale è caratterizzata dall'inserimento di n°3 telecamere con audio e microfono.

Le telecamere sono comandabili dal cellulare. In caso di malfunzionamento del sistema un operatore comunicherà verbalmente a Leonardo quali azioni deve svolgere. Inoltre, permettono anche di monitorare costantemente ciò che avviene nel corso della giornata all'interno dell'abitazione. Tramite cellulare, attraverso le telecamere, grazie all'apposito programma l'operatore comunica verbalmente a Leonardo l'azione da svolgere. Sono state svolte varie richieste: "Preparati che andiamo a fare una passeggiata", "Apparecchia", ecc.

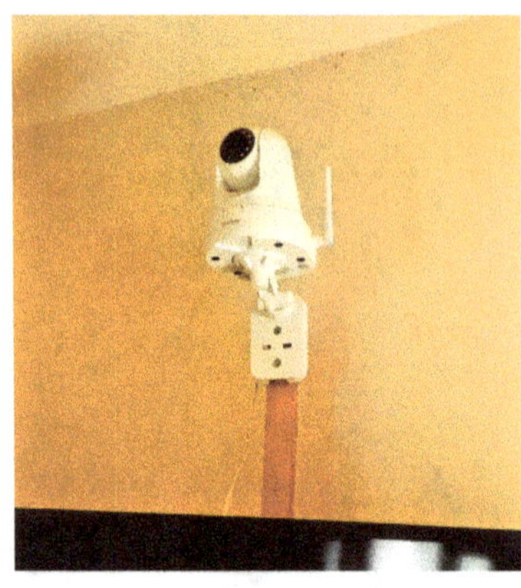

Fig. 12 *Immagine telecamera con microfono e audio*

Tabella raccolta dati e verifica funzionamento telecamera

ANALISI FUNZIONAMENTO TELECAMERE	DATA _______ ORA _______			DATA _______ ORA _______			NOTE
	OK	LENTO	NO	OK	LENTO	NO	
CONNESSIONE INTERNET							
CONTROLLA VIDEO							
TEST ASCOLTA							
TEST PARLA A LEO							
RILEVA MOVIMENTO							
REGISTRA VIDEO							
TEST RICEVI MSSGG							

La Quarta fase sperimentale ha visto un affinamento del sistema hardware e software che gestisce l'abitazione ed è caratterizzata dall'inserimento di n°1 mini pc e di n°2 monitor touch screen di cui uno da 32" in sala e n°1 da 21" in camera da letto di Leo.

In particolare, è stato installato nel mini pc un programma di macrodroid.

In questa fase le richieste sono diventate automatizzate e gestite interamente dal sistema macrodroid, il quale seguendo una serie di cicli temporali interni comunica le azioni che Leo deve svolgere nel corso di ogni giornata.

La Quinta fase sperimentale è caratterizzata dall'inserimento di n°1 mini pc e di n°2 monitor touch screen di cui uno da 32" in sala e n°1 da 21" in camera da letto di Leo e n°2 sensori, dei quali n°1 sensore di prossimità inserito sotto il letto e n°1 sensore fotoelettrico al lato del letto per controllare lo spostamento delle ciabatte di Leonardo.

La Sesta fase sperimentale è caratterizzata dall'inserimento di n°1 mini pc 4 e di n°2 monitor touch screen di cui uno da 32" in sala e n°1 da 21" in camera da letto di Leo, e n°1 sensore con trasmissione Zigbee, composto da trasmettitore e ricevitore n°1 sensore di prossimità inserito sotto il letto di Leonardo.

Migliorata la gestione nel mini pc del programma macrodroid.

La Settima fase sperimentale è caratterizzata dall'installazione di n°1 mini pc e di n°2 monitor touch screen di cui uno da 32" in sala e n°1 da 21" in camera da letto di n°2 sensori con trasmissione WiFi, sistema operativo Windows e software Home assistent.

CAPITOLO V

V$_I$ CRITICITÀ

Le difficoltà riscontrate sono diverse, prima tra tutte è la possibilità di far dialogare la parte software con i sensori disposti all'interno dell'abitazione. È molto complesso avere riscontro di dove si trova Leonardo in un qualsiasi momento della giornata all'interno dell'abitazione e nel confermare al sistema di proseguire una volta effettuata l'azione con l'attività successiva.

La seconda criticità è di implementare sui monitor (camera, sala, cucina) un programma che scorra dall'alto verso il basso al trascorrere del tempo, e all'ora designata in cui svolgere l'azione, evidenzi la rispettiva icona raffigurante l'immagine dell'attività da eseguire.

V$_{II}$ COMPONENTI INSTALLATI

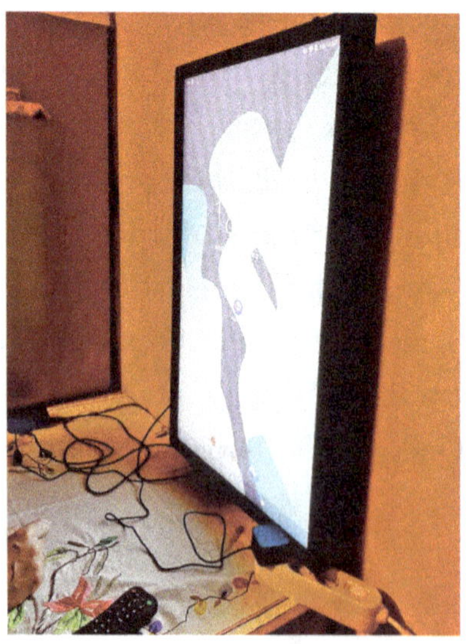

Fig. 13 *Immagine monitor touch posizionato in cucina*

Fig. 14 *Immagine monitor touch posizionato in cucina*

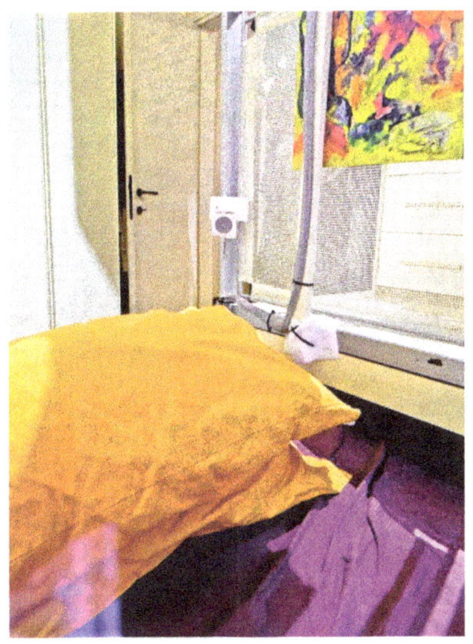

Fig. 15 *Immagine sensore di movimento*

Fig. 16 *Immagine sensore presenza persona a letto*

Fig. 17 *Immagine sensore presenza persona a letto*

"TEST SENSORI"

La nuova sperimentazione ci ha portati verso la scelta di una "automazione", che ci ha fornito maggiori performance, e per la quale si possono utilizzare sensori standard.

Installazione in campo di sensori con verifica di funzionamento nelle relative posizioni.

Fig. 18 *Immagine sensori posizionati sul tavolo da pranzo per verificare la presenza delle stoviglie*

Fig. 19 *Immagine sensore di presenza sala*

Fig. 20 *Immagine test sensori*

Fig. 21 *Immagine test sensori posizionati sotto il tavolo
per verificare la persona seduta*

Fig. 22 *Immagine sensore porta frigorifero*

Fig. 23 *Immagine test sensori mentre Leo fa colazione*

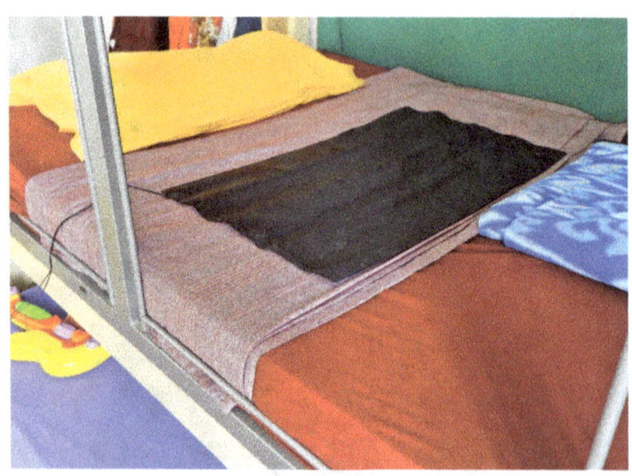

Fig. 24 *Immagine sensore presenza persona sul letto*

V$_{III}$ NUOVA FASE DI SPERIMENTAZIONE "HUB"

Centrale automazione (HUB): cervello, coscienza e volontà.

La centrale automazione o HUB è, molto semplicemente, un sistema (software o hardware, come vedremo) tramite il quale coordinare e automatizzare tutte le funzioni della nostra smart home.

Quando in domotica si parla di HUB lo si immagina e concepisce come un ponte di comando che gestisce (e attua) i nostri comandi e le nostre automazioni. Tipicamente una centrale automazione espleta le funzioni tramite i precedentemente descritti sensori, attuatori, dispositivi e BRIDGE/Gateway e relativi componenti. Questi ultimi (in abbinamento con le proprie app di controllo) rappresentano da soli, talvolta, degli HUB.

COME FUNZIONA UN HUB

Banalizzando, un "HUB" è genericamente un sistema in grado di gestire più tecnologie (sia in termini di protocolli che standard) in modo da consentire all'utente, tramite una singola interfaccia, di gestire tutte le componenti domotiche presenti in casa, indipendentemente dal loro produttore.

Fondamentalmente, l'HUB prevede di essere comandato, manualmente, oppure tramite automazioni – ovviamente definite dall'utente.

COMANDI

I "comandi", eseguiti tramite gli "strumenti di gestione finale" (trattati nel prossimo capitolo), sono azioni che vengono richieste dall'utente finale al sistema domotico che – se corretti e compresi – prontamente attua.

I comandi, generalmente, possono essere espressi tramite interfacce gestuali (app) o tramite comandi vocali.

Alcuni banali esempi di comandi sono:

- Accensione/spegnimento/regolazione luci
- Attivazione e disattivazione impianti
- Apertura/chiusura varchi
- Regolazione termica
- Richiesta parametri ambientali (temperatura, umidità relativa, ecc.)
- Automazioni

Per "automazione" si intende l'insieme di meccanismi automatici, predefiniti dall'utente, per il quale a fronte di un evento (o "trigger"), in base a una o più determinate condizioni ("condition"), si innesca qualche tipo di reazione ("action"). In ambito domotico il limite dell'automazione è dato dalla fantasia rispetto alle componenti disponibili nel nostro ambiente.

V$_{IV}$ COMPONENTI INSTALLATI PER IL FUNZIONAMENTO DI UN HUB

Il letto è installato sopra a delle molle, le quali appena rilevano il peso di Leo vanno in compressione e il sensore viene impegnato.

Fig. 25 *Immagine sensore di carico letto*

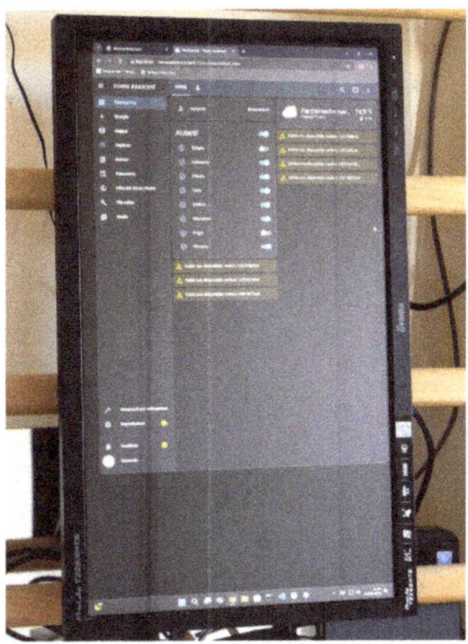

Fig. 26 *Immagine monitor e mini PC*

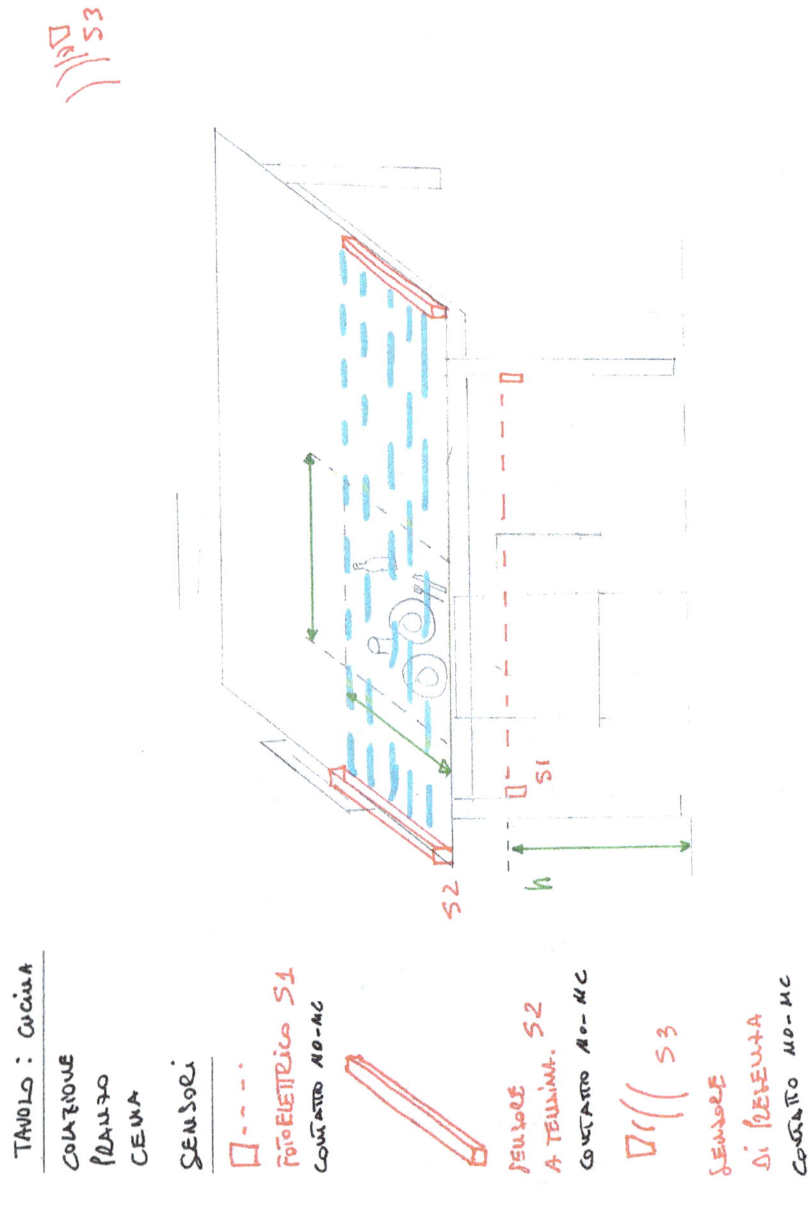

Fig. 27 *Immagine posizionamento sensori tavola da pranzo*

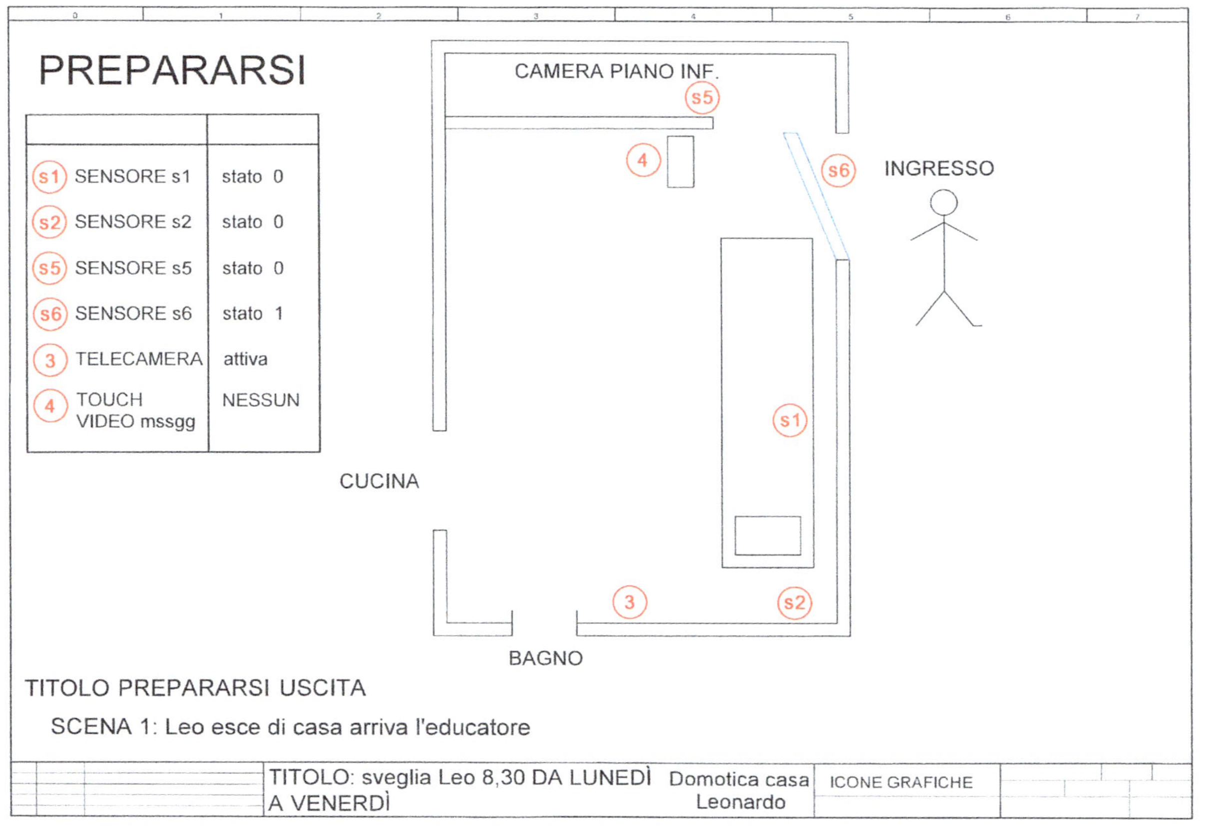

Fig. 28 *Immagine scheda attività con pittogrammi*

CAPITOLO VI

CONCLUSIONI

Il progetto "casa domotica" è costruito ad hoc sulla base delle caratteristiche della singola persona e la coinvolge in modo attivo, dialogando con essa. Il fine ultimo è migliorare l'autonomia del soggetto autistico per raggiungere una maggiore qualità di vita attraverso un graduale processo di acquisizione di capacità e competenze. Si vuole ottenere un progressivo trasferimento dei carichi assistenziali gestiti dalla famiglia alle stesse persone con disabilità fino ad arrivare a soluzioni di convivenza in piccole soluzioni abitative assistite. Importante è individuare gli obiettivi da conseguire, i sostegni appropriati. La scelta di una vita indipendente all'insegna delle tecnologie domotiche può portare a un miglioramento della qualità di vita di soggetti autistici. È evidente che l'adozione di dispositivi elettronici e dei mezzi informatici assieme alle strategie di tipo educativo non sono sempre replicabili nella loro globalità perché declinate per rispondere a specifici bisogni dell'utenza considerata. Inoltre, una prospettiva futura è quella di coinvolgere precocemente i caregiver dei soggetti con disturbo dello spettro autistico attraverso un training educativo verso la vita indipendente.

Il presente studio è una sperimentazione in campo per la creazione futura di un ambiente "intelligente" che consenta a un piccolo gruppo di persone con disabilità di vivere in autonomia nella stessa abitazione.

BIBLIOGRAFIA

American Psychiatric Association (2013). Diagnostic and Statistical Manual of Mental Disorders, Fifth Edition, DSM-5. Arlington, VA. (Tr. it.: Manuale diagnostico e statistico dei disturbi mentali, Quinta edizione, DSM-5. Raffaello Cortina Editore, Milano, 2014).

Baer, D. M., Wolf, M. M., & Risley, T. R. (1968). Some current dimensions of applied behavior analysis. Journal of applied behavior analysis, 1(1), 91-97.

Ballerini et al (2006). Autismo: L'umanità nascosta, Torino, Einaudi.

Baron-Cohen S., (1995). Mindblindness. An Essay on autism and theory of mind, Cambridge, Mass., Bradfort/mit press.

Battelheim B., (1967). La fortezza vuota: l'autismo infantile e la nascita del se. New York Free press.

Cadelano F., (2015), Ragazzi in gamba! Educare all'autonomia ragazzi con disabilità intellettiva, AIPD, Roma, Progetto finanziato dal Ministero del Lavoro e delle Politiche sociali.

Cooper, J.O., Heron, T.E., & Heward W.L. (1987; 2007). Applied behavior analysis. New Jersey: Prentice Hall.

D'Anna C., Minghelli V., & Paloma F. G., (2020), Attività inclusive e sviluppo delle Life Skills in ambito educativo, Italian Journal of Health Education, Sports and Inclusive Didactics, 4 (1), pp. 24-30.

Eikeseth, S., Smith, T., Jahr, E., & Eldevik, S. (2002). Intensive behavioral treatment at school for 4 to 7-year-old children with autism: A one-year comparison controlled study. Behavior Modification, 26, 49-68.

Howard, J. S., Sparkman, C. R., Cohen, H. G., Gree, G. & Stanislaw, H. (2005). A comparison of intensive behavior analytic and eclectic treatments for young children with autism. Research in Developmental Disabilities, 26, 359–383.

Kanner L., (1943). Autistich Disturbance of affective contact, in "Nervous Child".

Lovaas, O. I., (1987). Behavioral treatment and normal educational and intellectual functioning in young autistic children. Journal of Consulting and

Clinical Psychology, 55, 3-9.

Lovaas, OI. R Koegel, JQ Simmons. Journal of applied behvoir, 1973 - Wiley Online Library.

Manuale di Terapia Cognitivo Comportamentale con i bambini e gli adolescenti (Philip Graham). Capitolo 15: i bambini con i disturbi dello sviluppo, pagina 247.

Martin, G., Pear, J. (2000). Strategie e tecniche per il cambiamento. La via comportamentale. McGraw-Hill Education.

Mazzoncini B., Musatti, L., (2012) I Disturbi dello sviluppo bambini, genitori e insegnanti. Raffaello Cortina Editore.

McEachin JJ., Smith T., Lovaas OI., (1993). " Long-term outcome for children with autism who received early intensive behavioral treatment". In American Journal of Mental Retardation, 97, 4, pp. 359-372; discussion pp. 373-391.

OMS, (1992). Life Skills.

Shook, G. L. (2005). An examination of the integrity and future of the Behavior Analyst Certification Board credentials. Behavior Modification, 29, 562-574.

Smith, T., Eikeseth, S. (2011). O. Ivar lovaas: pioneer of applied behavior analysis and intervention for children with autism. Journal of Autism and Developmental Disorders, 41 (3), 375-378.

Soresi S. (2016). Psicologia della disabilità e dell'inclusione, Mulino Editore.

Tamborrino A., (2019). Tutela giuridica delle persone con disabilità. Diritti e libertà fondamentali delle persone diversabili. Key Editore.

U.S. Department of Health and Human Services. (1999). Mental health: A report of the surgeon general. Rockville, MD: U.S. Department of Health and Human Services, Substance Abuse and Mental Health Services Administration, Center for Mental Health Services, National Institutes of Health, National Institute of Mental Health.

Virués-Ortega, J. (2010). Applied behavior analytic intervention for autism in early childhood: Meta-analysis, meta-regression and dose–response meta-analysis of multiple outcomes. Clinical Psychology Review, 30, 387-399.

Wieder S., Greenspan, S.I. (2003). "Climbing the symbolic ladder in the DIR Model Truough Floor Time/Interactive Play". In autism, 7, 4, pp. 425-435.

Wieder S., Greenspan S., Kalmanson, B. (2008, Mar) Autism Assessment and Intervention: The Developmental Individual-Difference, Relationship-Based Dir/Floortime Model. Zero to Three, 28 (4), 31-37.

Zennaro A. (2011). Lo sviluppo della psicopatologia: fattori biologici, ambientali e relazionali, Mulino editore (Bologna).

Sito web InDomus community italiana di domotica personale, nozioni di base - centrale automazione.

Gianfranco Leonide email: gflnd67@gmail.com
Sergio Maio email: maiosergio92@gmail.com